Mythologies françaises

Hironori MATSUDA

Christophe GARRABET

Editions ASAHI

まえがき

　本書はフランス語の学習をひととおり終えた方たちを対象に書かれました。主なテーマは、フランスおよびフランス語圏で活躍した人物たちの歴史です。これらの中で一番最近の人物はサッカー選手のキリアン・エムバペで、一番昔の人物はジャンヌ・ダルクになりますが、15世紀から21世紀までの輝かしい活躍を見せた人物たちを時間の流れを遡るように新しい順に並べました。もちろん、ご自分の好みにおうじて、どのテキストから読んでいただいても差し支えありません。いずれにしても、彼らがどのように自分の生まれた社会的、文化的な環境に不自由を感じ、抵抗の声を上げ、自らの強い意志と才能を武器に道を拓こうとしたのかを、350字から400字程度のフランス語を読み解きながら味わっていただければ幸いです。

（1）　各課のはじめにはそれぞれの人物ならびに彼らが生きた時代背景の簡単な解説文をつけました。ここでは、彼らの生き方や考え方が私たちにどのような現代的な意義のある問題を提起しているのかについてもかんたんに言及しました。また同じページには、「その頃日本では…」というコラム記事もつけました。フランスと日本の同時代における動きを比較対照しながら読むことで、テキストの理解も深まることと思います。
（2）　脚注は必要最小限にとどめました。不明なところは、紙の辞書でもネット上の辞書でもいいですので、徹底的に調べてください。かならずやそうした作業から新しい発見が得られるはずです。
（3）　各課の4ページ目には、かんたんな練習問題があります。そのうち、❶の5問は与えられた日本語の意味になるように語（句）を並べ替えてフランス語の文を作る問題です。ここではテキストに出てきた表現やそれを発展させた表現を確認しつつ習得することを意図しています。❷の3問はテキストの内容が正しく読み取れているかどうかを確認する正誤問題です。
（4）　教科書の後半には、各課のテキストごとに、扱われた文法事項をコンパクトにまとめた1ページと、文法問題と発展問題で構成された追加の演習問題の1ページがついています。発展問題の中にはすこし難しめの問題も混じっていますので、適宜、取捨選択しながら力試しをしてみてください。
（5）　この教科書にはフランス語のネイチヴスピーカーの音読がついています。ストリーミングや音声ファイルをダウンロードして聞くことができますので、繰り返し聞いて耳を訓練し、正しい発音、リズム感を身につけてください。

　本書がフランス語の基礎を固め、今を生きる私たちの置かれた状況を考える一助になりますことを願っています。最後に、本書の構想段階から一貫して著者たちをサポートしてくださった朝日出版社ならびに編集部の石井真奈氏に心より感謝の意を表します。

著者

Table des matières

Titre	Grammaire

エムバペ、ジダン、プラティニ、コパ

　エムバペ、ジダン、プラティニ、コパ……、フランスのサッカー界を牽引してきた名選手たち。彼らはそれぞれ違う時代に活躍しました。しかし、彼らは全員フランス国籍を持ち、世界に向けてフランスを代表する「顔」になりました。そしてその彼ら全員が出稼ぎ労働者として、あるいは移民としてフランスにやってきた外国籍の先祖を持っています。フランスはこのように、長年にわたって外国人労働者や移民や難民たちにも広く門戸を開き、彼らを保護するとともに、彼らとともに産業を発展させたり、芸術やスポーツの部門でも輝かしい才能をぞくぞくと輩出したりしてきました。もちろん、いたるところに対立や軋轢が生じ、偏狭なナショナリズムが勢いを増す危険性はつねに存在しています。しかし、フランスが示し続けているその活力や創造力のかなりの部分を「外」に起源をもつ人々が担っていることは疑いようもありません。

その頃日本では…

　カタールで開催された2022 FIFAワールドカップには日本も参加し、強豪国のドイツやスペインを破り、ベスト16まで進みましたが、26人の日本代表の中で外国籍の親を持っているのはゴールキーパーのシュミット・ダニエル選手ただひとりでした。とはいえ、サッカーばかりでなく、バスケットボールやバレーボール、さらには陸上などでも外国籍の先祖を持つ優秀な選手がすでに数多く頭角を現し、日本代表として立派な成績をおさめています。今後のさらなる活躍が期待されます。

Mbappé, Zidane, Platini, Kopa...,
stars du football et visages de la France

Kylian Mbappé[1] est aujourd'hui une idole planétaire. Footballeur français le plus doué de sa génération, c'est un prodige précoce : premier match professionnel à 16 ans, champion du monde à 19 ans, et sportif le mieux payé du monde à 24 ans. Même lors des défaites, il
5 multiplie les exploits : en 2022 au Qatar, il marque un triplé[2] dans la finale perdue contre l'Argentine.

De fait, ce natif de Paris s'inscrit dans la lignée des étoiles du football hexagonal : avant lui, Zinédine Zidane[3] dans les années 2000, Michel Platini[4] dans les années 1980 ou Raymond Kopa[5] dans les années 1950
10 avaient été les vedettes des Bleus[6].

Outre leur talent exceptionnel, ces joueurs partagent une histoire familiale similaire : s'ils étaient de nationalité française, ils ont tous des origines étrangères qui reflètent l'histoire de la France contemporaine et de sa population.

15 Raymond Kopa est petit-fils d'immigrants polonais, et Michel Platini d'immigrants italiens. Les deux familles étaient venues en France vers 1920 pour travailler dans les mines. Le pays avait alors besoin d'hommes pour se reconstruire : la Première Guerre mondiale y avait fait 1 400 000 morts et plus de 3 600 000 blessés. Raymond naît en 1931 dans le Nord,

---

注
(1) **Kylian Mbappé**：キリアン・エムバペ（1998 - ）。パリ・サンジェルマンの中心選手として活躍。2018年 FIFA ワールドカップの決勝でも得点をあげ、同大会の最優秀若手選手賞に選ばれた。現在、世界的にもっとも注目されているサッカー選手のひとり。なお Mbappé の発音の表記にはエムバペ以外にも、ムバペ、ムバッペなどが使われている。
(2) **triplé**：「ハットトリック」。
(3) **Zinédine Zidane**：ジネディーヌ・ジダン（1972 - ）。カンヌ、ユヴェントス、レアル・マドリードなどのチームでミッドフィールダーとして活躍した。FIFA 最優秀選手賞やバロンドール賞を受賞している。レアル・マドリードの監督を務めた（2016 -18年、2019 - 21年）。
(4) **Michel Platini**：ミシェル・プラティニ（1955 - ）。ナンシー、サンテティエンヌ、ユヴェントスなどのチームで活躍した。1983年、84年、85年と3年連続してバロンドール賞を受賞している。
(5) **Raymond Kopa**：レーモン・コパ（1931 - 2017）。アンジェやランス、さらにレアル・マドリードで活躍した。1958年には、フランス人としてはじめてバロンドール賞を受賞している。
(6) **les Bleus**：「フランス代表選手」。特にサッカーやラグビーのフランス代表選手に関して使われる。

Michel en 1955 en Lorraine. 20

Zidane et Mbappé sont issus d'une immigration plus récente. Après la Deuxième Guerre mondiale, la France connaît une période de forte croissance économique pendant plusieurs décennies. Peu à peu, la migration européenne est remplacée par une migration issue des pays de l'Afrique francophone. 25

Dans sa première phase, c'est d'abord une immigration de travail. Le père de Zinédine Zidane arrive en France comme ouvrier de chantier, pensant rester seulement quelques années. Finalement, il y rencontre une compatriote algérienne, tombe amoureux et décide de s'y installer pour fonder une famille. Zinédine naît à Marseille en 1972. 30

La seconde phase est quelque peu différente. Ainsi, les parents de Kylian Mbappé n'appartiennent pas aux classes populaires, mais au milieu du sport : son père camerounais était un entraîneur de football, et sa mère une handballeuse algérienne de haut niveau. Kylian, lui, voit le jour en 1998, et grandit dans une banlieue calme : il est d'ailleurs 35 scolarisé dans une école privée catholique.

À chaque génération, ces joueurs ont été le visage de la France partout dans le monde. Du reste, cette image d'une France plurielle est assez juste : encore aujourd'hui, 1 Français sur 4 est concerné par le mariage mixte[7]. 40

------

(7) **mariage mixte**：「異人種間結婚」、「異教徒間結婚」という意味で使われることも多いが、ここでは「異国籍間結婚」、つまりフランス国籍の人とフランス国籍以外の人との結婚の意味で使っている。

EXERCICES

1 フランス語を並べ替えて、日本語の文に対応するようなフランス語の文を作りなさい。ただし、文頭に来るものも小文字で始めてあります。

(1) それはあなたとは関係ありません。

cela / concerne / ne / pas / vous / .

_____

(2) 彼女はそのお菓子を弟と分けようと思っている。

avec / ce / elle / frère / gâteau / partager / pense / son / .

_____

(3) その古い機械は新しい機械と取り換えなければならない。

cette / doit / être / machine / nouvelle / par / remplacée / une / vieille / .

_____

(4) その会社は今後10年のうちにおおいに飛躍するでしょう。

au / cette / connaîtra / cours / de / décennie / entreprise / essor / grand / la / prochaine / un / .

_____

(5) シリアルの値段が5年で2倍になった。

a / ans / céréales / cinq / des / deux / en / été / le / multiplié / par / prix / .

_____

2 次のフランス語の文がテキストの内容に一致している場合は〇を、一致していない場合は×を [ ] 内に記入しなさい。

(1) En finale de la Coupe du monde 2022, Mbappé a fait un mauvais match. [   ]

(2) Kopa, Platine, Zidane et Mbappé sont tous nés en France. [   ]

(3) Peu de Français se marient avec des personnes étrangères. [   ]

Texte 2 シモーヌ・ヴェイユ

　1927年、南フランスのニースに生まれたシモーヌの一家はユダヤ系でした。1944年3月、ゲシュタポによって逮捕されたシモーヌは、母や姉とともにアウシュヴィッツ＝ビルケナウ強制収容所（現ポーランド）に送られます。その後、暴力と死の恐怖におびえながら収容所を転々と移動する「死の行進」を経験します。しかし、シモーヌは1945年5月、奇跡的に解放されフランスに生還しました。戦後、学問に没頭し、パリ政治学院（Sciences-Po）と国立司法学院（ENM）で学んだ彼女は司法省で働きますが、その間、受刑者や障害者や非嫡出子や婚外子が不当に抑圧されている現実を知ることになります。1974年、ジャック・シラク内閣で厚生大臣となった彼女が提出した人工妊娠中絶の自由化を求める法案は、宗教界や医学会をも巻き込む大論争となりましたが、女性たちの置かれていた深刻な状況を打開する画期的な法案となりました。党派的な動きに左右されず、自分の信念を貫いた彼女は欧州議会議長としても活躍しました。

その頃 日本では…

　日本ではフランスより早く、1948年の優生保護法（1996年の法改正で母体保護法となる）によって、妊娠22週未満までの中絶手術が許可され、中絶した女性を堕胎罪に問わないことが基本となりました。なお現在、国連などの協力や支援を受けつつ、私たち一人ひとりが性と生殖に関して正確な知識と自己決定権を持ち、自分の意思で必要なヘルスケアを受け、自らの尊厳を守ることができるようになるためにSRHR（Sexual and Reproductive Health and Rightsの略。「性と生殖に関する健康と権利」）が推進されています。

♪03 **Texte 2** ▷ **Le courage de Simone Veil**

　　Le 29 novembre 1974, l'Assemblée nationale adopte une loi qui dépénalise l'interruption volontaire de grossesse. Pour la première fois en France une femme peut recourir à l'avortement sans risquer la prison. C'est la loi Veil[(1)], du nom de la ministre de la Santé de l'époque,
5　Simone Veil.

　　Les jours précédents, le combat au parlement a été rude, et les débats violents : le sujet est polémique, il touche à des questions religieuses et éthiques. D'ailleurs, dans son propre camp politique, beaucoup de députés ne la soutiennent pas ; même les autres ministres du
10　gouvernement sont réticents.

　　Mais Simone Veil ne désarme pas, et séduit assez d'élus pour faire passer sa loi. Elle est intelligente, et c'est une personne courageuse qui ne baisse pas les bras : elle a surmonté d'autres épreuves dans sa vie, bien plus terribles.

15　Cette Niçoise[(2)] d'origine juive a connu l'enfer de la Shoah[(3)]. En 1944, alors que toute la France est occupée, elle est arrêtée et envoyée à Auschwitz-Birkenau. Elle a 16 ans. Elle survit à la faim, au froid, au travail exténuant imposé à tous les déportés : ceux qui ne sont pas exécutés meurent souvent d'épuisement. Simone, elle, tient bon[(4)] et
20　résiste jusqu'à la fin du conflit, mais sa mère, son père et son frère ne

---

注
(1)　**la loi Veil**：「ヴェイユ法」。この法案の可決にいたるまで、フランスでは避妊と中絶の権利を求める女性たちの長い闘争の歴史があった。
(2)　**Niçoise**：「ニースの女性」。シモーヌ・ヴェイユのこと。
(3)　**la Shoah**：元来ショア（Shoah）は「滅亡」を意味するヘブライ語であるが、ナチスによるユダヤ人大虐殺（ホロコースト）のことを指している。クロード・ランズマン（Claude Lanzman）監督の同名の映画（1985年）も参照のこと。
(4)　**tient bon**：「持ちこたえる」、「がんばる」。

reviendront pas.

　Longtemps, la rescapée ne parlera pas de cette tragédie[(5)]. Elle aspire à une vie normale : d'abord faire des études de droit, puis se marier pour fonder une nouvelle famille. Ainsi, pendant quelques années, elle se consacre totalement à son foyer, comme il est de coutume[(6)] à l'époque. Mais vite, cette existence ne la satisfait plus : elle veut rendre le monde plus juste.

　À 27 ans, Simone décide de préparer le difficile concours de la magistrature. Une fois reçue, elle choisit l'administration pénitentiaire. Ce qu'elle découvre l'horrifie : dans les prisons, les détenus sont maltraités et la dignité humaine n'est pas respectée. Pour l'ancienne déportée, c'est insupportable : elle se battra pour améliorer les conditions d'incarcération.

　Simone Veil a été durement marquée par les horreurs de la guerre ; pourtant, loin de se laisser aller au ressentiment, son action a été guidée par son humanité. Ainsi, après son passage au ministère de la Santé, la magistrate aura une nouvelle mission d'importance : en 1979, elle est élue présidente du Parlement européen. Là, elle œuvrera aux côtés de députés allemands à la construction d'une Europe enfin en paix.

25

30

35

40

⑸　**la rescapée ne parlera pas de cette tragédie**：ヴェイユは後年『自伝』で次のように書いている。「どれぐらい話すのが適当なのかがわからない。そのため強制収容所送りの経験を過度に話したり、あまりにも話さなかったりするということが起こる。その経験であまりにも深く傷ついたせいで、まったく口を開かなくなった人もたくさんいる。」
⑹　**de coutume**：「習慣的な」、「広く行われている」。

EXERCICES

1 フランス語を並べ替えて、日本語の文に対応するようなフランス語の文を作りなさい。ただし、文頭に来るものも小文字で始めてあります。

(1) 私たちの仕事はまだまだ終わりそうにありません。

d' / est / être / fini / loin / notre / travail / .

_____

(2) 暴力は絶対にだめです。

à / faut / il / jamais / la / ne / recourir / violence / .

_____

(3) その医者はけが人を救うために献身的な努力をしました。

à / blessés / ce / consacré / les / médecin / s'est / sauver / .

_____

(4) なげやりな生活をしてはいけません。

aller / laissez / ne / pas / vous / .

_____

(5) 彼らは山の中で何も食べずに3日間もちこたえました。

dans / ils / jours / la / manger / montagne / ont / rien / sans / tenu / trois / .

_____

2 次のフランス語の文がテキストの内容に一致している場合は〇を、一致していない場合は×を[ ]内に記入しなさい。

(1) La loi Veil a été facilement adoptée. [　]

(2) Simone Veil a raconté sa déportation dès son retour en France. [　]

(3) En tant que députée européenne, Simone Veil a contribué à la réconciliation franco-allemande. [　]

Texte 3 ジョセフィン・ベイカー

　1906年、アメリカ・ミズーリ州の貧しい家で生まれ育ったジョセフィン・ベイカーは、どうしてフランスに貢献した偉人たちのための霊廟であるパンテオンに埋葬された最初の黒人女性になったのでしょう。人種差別の厳しいアメリカを去ってフランスに渡ったジョセフィンは、1925年、シャンゼリゼ劇場でチャールストンを踊り観客を魅了しました。しかし、フランスで絶大な人気を博し「黒いヴィーナス」と称えられた彼女に対して、祖国アメリカは人種差別的な態度をとりつづけました。ジョセフィンは1937年にフランスの市民権を獲得し、第二次世界大戦中にはレジスタンス運動に飛びこみます。戦後、彼女は人種差別や人種隔離に反対するキング牧師を中心とする公民権運動に参加するとともに、フランス南西部ドルドーニュ県の古城に異なる人種の12人の孤児を養子に迎え、「虹」の家族を築きました。

その頃 日本 では…

　ジョセフィンがパリでもっとも華々しく活躍したのは二つの世界大戦にはさまれた時期でした。その頃日本では、1923年の関東大震災や1927年の昭和金融恐慌のせいで国中が混乱していました。それに追い打ちをかけるように1929年、アメリカ発の世界大恐慌の波が押し寄せてきました。しかしそうしたなかでも、たとえば1919年に宝塚音楽歌劇学校（校長・小林一三）が設立され、1927年には日本初のレビュー『吾が巴里よ〈モン・パリ〉』が上演されました。さらに1930年には『パリゼット』が好評を博し、その主題歌「すみれの花咲く頃」も大ヒットしました。このように、政府による各種の規制や統制にもかかわらず、暗く沈みがちな人々の心を励ます芸能の活発な動きがありました。

♪04 **Texte 3** **Joséphine Baker, une femme française**

« Ma France, c'est Joséphine ». Ces mots du Président Macron peuvent surprendre. En effet, Joséphine Baker est née en 1906 à Saint-Louis, aux États-Unis, dans une famille modeste sans aucun lien avec la France.

Comme bon nombre d'[^(1)] afro-américains de l'époque, elle a vécu une
5 enfance difficile, dans un pays où sévissaient les discriminations raciales. Mariée à 13 ans, elle quitte l'école pour faire des ménages dans des familles aisées du Mississippi. Elle commence ensuite une carrière de danseuse à 16 ans.

C'est comme cela qu'elle arrive à Paris en 1925, avec une troupe de
10 music-hall. Son spectacle de charleston[^(2)] rencontre un immense succès. Le public français tombe immédiatement sous le charme de cette « Vénus d'ébène » qui se produit presque nue sur scène. Joséphine, elle, découvre un monde sans puritanisme[^(3)] ni ségrégation où flotte un parfum de liberté.

15 De fait, la société française de l'entre-deux-guerres est à la fois bien plus libérale et tolérante que la société américaine. La France connaît d'ailleurs un véritable engouement pour l'art et les cultures noires et africaines, ce que les avant-gardes des années 1920 ont appelé la « négrophilie[^(4)] » de la période. Certes, cette mode reste marquée de
20 stéréotypes coloniaux ; toujours est-il qu'[^(5)]à Paris, Joséphine jouit d'une

注
(1) **bon nombre de**：「多数の」。
(2) **charleston**：「チャールストン」。サウスカロライナ州チャールストン市発祥のダンスの一種で、1920年代のアメリカで一世を風靡した。
(3) **puritanisme**：「ピューリタニズム」、「厳格主義」。ジョセフィンはアメリカで支配的だったピューリタニズムに基づく禁欲的で厳格な職業倫理を息苦しく、自分の芸術活動を著しく制約するものと感じていた。
(4) **négrophilie**：négro / négro-（「黒人・ニグロ」、現在では差別用語とされている）と -philie（「～好き」）を意味するギリシャ語由来の接尾辞を組み合わせた語。
(5) **toujours est-il que...**：「～であることにかわりはない」。

véritable reconnaissance artistique.

Star adulée, elle décide de prendre la nationalité française en 1937, deux ans avant le début de la guerre. Elle défendra son pays d'adoption pendant le conflit, en participant à la Résistance, puis en s'engageant dans les forces armées de la France libre[6]. 25

Si elle a lutté pour la liberté, Joséphine Baker s'est aussi battue pour l'égalité et la fraternité : cause noire, mouvements contre l'antisémitisme, mais aussi actions en faveur des défavorisés. Après la guerre, elle adopte même douze enfants abandonnés, de toutes origines : c'est sa « tribu arc-en-ciel », par laquelle elle entend montrer 30 que tous les hommes peuvent vivre ensemble en paix.

Joséphine Baker meurt en 1975, et entre au Panthéon[7] le 30 novembre 2021. Elle est un symbole de résistance, de courage et de solidarité, de féminisme et d'antiracisme, des valeurs fortement dans l'air du temps. Joséphine Baker représente donc ce que la France 35 voudrait être aujourd'hui, ce que le Président Macron appelle sa France.

Josephine Baker   Phot. v. Gudenberg

----

(6) **la France libre**：「自由フランス」。ロンドンに亡命していたド゠ゴールを中心として結成され、北アフリカで軍事行動を進めていた。フランス国内のレジスタンス運動とも協力してフランスを勝利へと導くのに寄与した。

(7) **le Panthéon**：「パンテオン」。元々パンテオンは「すべての神々」を意味するギリシャ語で、アテネやローマのパンテオン神殿が特に有名。パリのパンテオンは、パリの町の守護聖女ジュヌヴィエーヴを讃えるためにルイ15世が建築を発案し、1790年に完成した。キュリー夫妻、ヴォルテール、ユゴー、ゾラなどフランスに貢献した人物たちの墓がある。

EXERCICES

1 フランス語を並べ替えて、日本語の文に対応するようなフランス語の文を作りなさい。ただし、文頭に来るものも小文字で始めてあります。

(1) その作家は空軍に志願しました。

cet / dans / écrivain / engagé / l'aviation / s'est / .

_____

(2) そのフランス映画は日本で大ヒットしました。

a / au / ce / connu / film / français / grand / Japon / un / succès / .

_____

(3) 散歩のとちゅうで雨に降られました。

a / la / notre / nous / pendant / promenade / pluie / surpris / .

_____

(4) そんなふうにして事故は起こりました。

l'accident / ça / c'est / comme / produit / que / s'est / .

_____

(5) この彫刻がなにを表現しているのか教えてください。

ce / cette / dites / moi / que / représente / statue / - / .

_____

2 次のフランス語の文がテキストの内容に一致している場合は○を、一致していない場合は×を
[ ] 内に記入しなさい。

(1) Joséphine Baker est née et a été élevée dans une famille aisée. [   ]

(2) En tant qu'artiste, Joséphine Baker pouvait davantage s'exprimer en
France qu'aux États-Unis. [   ]

(3) Joséphine Baker incarnait la devise de la République française : liberté,
égalité, fraternité. [   ]

Texte 4 マリー・キュリー

　帝政ロシアの支配下にあったポーランド立憲王国のワルシャワで1867年に生まれた
マリア・サロメア・スクウォドフスカ（後の「キュリー夫人」）は子どもの頃から学業
が優秀でしたが、当時女性は高等教育を受けることが禁じられていました。彼女は故国
を離れ、パリ大学理学部に入学し、極貧の中で研鑽（けんさん）を積み、抜きんでた業績を収めま
す。しかしフランスは、外国出身の女性にしかるべき処遇をすることを忘りつづけまし
た。二度にわたるノーベル賞受賞も、世界各国の名だたる科学アカデミー等から贈られ
た百を超える名誉称号も、女性の社会進出をはばむ有形無形の壁の高さをかえって浮き
彫りにしただけだったのかもしれません。永年にわたる実験で被爆しつつも社会の偏見
と戦いつづけたキュリー夫人は、1934年に永眠しました。ミッテラン大統領は1995年、
彼女の遺骸を夫ピエールの遺骸とともにパンテオンに移す決定をくだしました。

その頃 日本 では…

　キュリー夫人は1903年にノーベル物理学賞、1911年にノーベル化学賞を受賞しました。その
当時、日本にも北里柴三郎（きたざとしばさぶろう）、志賀潔（しがきよし）、高峰譲吉（たかみねじょうきち）、鈴木梅太郎（すずきうめたろう）、野口英世（のぐちひでよ）など世界的に活躍して
いる科学者がたくさんいましたが、女性の科学者はまだ育っていませんでした。男女の教育機会
の不平等、社会的な偏見等、女性研究者を取り巻く環境が厳しかったからです。しかし、遅まき
ながら、平塚らいてうや湯川秀樹をはじめとする世界平和アピール七人委員会の支援の下で「日
本女性科学者の会」が1958年に設立されました。また、地球科学者の猿橋勝子（さるはしかつこ）によって1980年
に創設された「女性科学者に明るい未来をの会」は優れた研究業績をあげた女性科学者を顕彰（けんしょう）
し、女性科学者の育成に貢献しています。

05

Texte 4 ▷ Marie Curie, la science utile

En 1903, Marie Curie reçoit le prix Nobel de physique pour ses recherches sur la radioactivité. Huit ans plus tard, c'est le prix de chimie : sa découverte de deux nouveaux éléments, le polonium (Po)[1] et le radium (Ra)[2], est couronnée. Depuis, l'Académie royale des
5 sciences de Suède[3] n'a jamais récompensé personne dans deux disciplines scientifiques différentes.

Marie Sklodowska naît le 7 novembre 1867 en Pologne, à Varsovie. Dès son plus jeune âge, c'est une élève brillante, et elle rêve d'aller à l'université. Malheureusement, les études supérieures sont interdites
10 aux femmes dans son pays.

Elle décide donc de partir pour la France, et s'inscrit à la Faculté des sciences de Paris. C'est là qu'elle rencontre un physicien français, Pierre Curie. Le coup de foudre est immédiat. Ils se marient l'année suivante : Marie devient Madame Curie en 1895, et est naturalisée française.

15 À la fin du XIXᵉ siècle, la radioactivité est un phénomène très mal connu. Les expériences du couple sont à la pointe, et les succès s'enchaînent. Bientôt, le grand public se passionne[4] pour le sujet : le radium, en particulier, suscite une véritable mode en Europe et aux États-Unis.

20 Ce métal est mortel, mais on l'utilise partout. Comme il est fluorescent, on en met sur les aiguilles des réveils et des horloges.

注
(1) **polonium**：「ポロニウム」。原子番号84の元素。放射性金属。1898年、キュリー夫妻がラジウムとともに発見した。
(2) **radium**：「ラジウム」。原子番号88の元素。
(3) **l'Académie royale des sciences de Suède**：「スウェーデン王立科学アカデミー」。
(4) **se passionne**：「～に夢中になる」。

Surtout, on dit qu'il aurait des vertus cachées : le radium entre dans la composition de dentifrices, de talc pour les bébés[5], de crèmes pour la peau, de remèdes rajeunissants...

Marie aurait pu tirer parti de cet engouement pour gagner beaucoup 25 d'argent. Mais elle pense que « les découvertes appartiennent au peuple » et refuse de déposer des brevets. En effet, la scientifique est très influencée par le positivisme, un courant philosophique qui lie science, progrès et humanisme. Marie Curie voudrait que ses recherches soient utiles à la société. 30

Le radium a bel et bien des applications médicales : il peut servir dans le traitement des cancers. Marie milite pour la création d'un laboratoire de radiothérapie, qui deviendra l'Institut Curie[6]. Pendant la Première Guerre mondiale, elle crée aussi les « p'tites curies » : ces ambulances équipées d'instruments radiographiques ont permis de sauver des 35 milliers de vie sur le front.

Marie Curie meurt à 66 ans d'une leucémie : elle a manipulé des substances radioactives pendant plus de 40 ans, et est irradiée. Elle est, à proprement parler, une sainte martyre 40 de la science.

----

(5)　**talc pour les bébés**：「滑石を砕いて作ったベビーパウダー」。
(6)　**l'Institut Curie**：「キュリー研究所」。1921年、放射線療法と
　　ガン治療の研究を目的として創設された。現在は、ガンの研
　　究や治療ばかりでなく、教育にも注力している。

EXERCICES

1 フランス語を並べ替えて、日本語の文に対応するようなフランス語の文を作りなさい。ただし、文頭に来るものも小文字で始めてあります。

（1）私が昨日買ったのはこの白いドレスです。

achetée / ai / blanche / c' / cette / est / hier / j' / que / robe / .

_____

（2）応募の登録はオンラインまたはメールで可能です。

candidats / en / les / ligne / mail / ou / par / peuvent / s'inscrire / .

_____

（3）彼らは18歳未満入場禁止の映画を観にいった。

allés / ans / aux / de / dix-huit / film / ils / interdit / moins / sont / un / voir / .

_____

（4）あんなに高慢なひとを今まで見たことがありません。

d'aussi / jamais / je / n'ai / orgueilleux / personne / vu / .

_____

（5）私にどうしろと言うのですか。

ce / est / je / fasse / qu' / que / que / vous / voulez / - / ?

_____

2 次のフランス語の文がテキストの内容に一致している場合は〇を、一致していない場合は×を [ ] 内に記入しなさい。

（1）Marie Curie est la seule scientifique à avoir reçu deux prix Nobel dans des disciplines différentes. [   ]

（2）La découverte du radium a apporté une immense fortune à Marie Curie. [   ]

（3）Les « p'tites curies » ont servi à sauver de nombreux soldats blessés sur le front. [   ]

Texte 5 ウジェーヌ・プーベル

　パリは今でこそ、世界中から多くの観光客が訪れる美しい町ですが、産業の発展と急激な人口の集中とが起こった19世紀のパリは、街路のいたるところにごみが散乱し、悪臭を放つ不衛生きわまりない都市でした。第二帝政下、ナポレオン3世の命を受けたセーヌ県（現在のパリならびにパリを取りまく3県をふくんでいた）知事のオスマン男爵によって進められたパリの大改造は、狭くて暗かった道路を拡張し、東西南北に幹線道路を通すなどしてよどんだ空気を一掃させることに寄与しましたが、それでもまだパリの町からごみは消えませんでした。そこに登場したのが新たにセーヌ県知事に任命されたウジェーヌ・プーベルです。彼は厳格な条例を公布して家庭ごみ用のごみ箱を創設し、その大きさを細かく規定したり、ごみの分別などを求めたりもしました。そしてついに、「ごみ箱」は彼の名前を取って、poubelleと呼ばれるようになったのです。

その頃 日本 では…

　1884年にウジェーヌ・プーベルがごみ箱の使用を求めた当時の日本のごみ対策はどうだったのでしょう。日本で公的空間にごみ箱が登場したのは、1900年（明治33年）4月、汚物掃除法が施行され塵芥箱（じんかいばこ）と呼ばれる木製の蓋つきの箱が登場したことにさかのぼると考えられています。それとともに各地にごみの焼却施設も作られました。江戸時代、ごみは川や空き地に捨てられることが多かったようですが、着物や紙くずや金物くずなど、種類ごとにそれらを買い取る職人たちが存在し、ある程度リサイクルがなされていたとの報告もあります。明治になり、人と物の交流が活発化し、それにともない伝染病などが多発したことが汚物掃除法の制定につながったと考えられます。

17

06

Texte 5 ▷ **Eugène Poubelle nettoie Paris**

Certaines personnes passent à la postérité d'une étrange façon : si leur vie est aujourd'hui tombée dans l'oubli, leurs inventions ont rendu célèbre leur nom. Ainsi, la sauce « béchamel »[(1)] a été créée par Louis de Béchameil, gourmet du XVIIe siècle, le mot « silhouette » vient de
5 l'artiste amateur Étienne de Silhouette, et la « guillotine » est la machine du docteur Guillotin.

Quant à Eugène Poubelle, il a laissé son nom à la... poubelle. C'est bien ce préfet qui impose en 1884 son utilisation à Paris. Dès lors, chaque immeuble doit disposer d'un grand récipient commun pour
10 rassembler les déchets[(2)] de tous les locataires. Le nouveau règlement précise même sa contenance, de 40 à 120 litres, et exige qu'il soit fermé par un couvercle.

En effet, au XIXe siècle, Paris est une ville sale et insalubre. Avec la révolution industrielle, beaucoup de Français ont quitté les campagnes
15 pour venir s'installer dans la capitale. Plus de deux millions de personnes s'entassent dans une métropole qui garde encore des allures moyenâgeuses.

La règle est alors celle du « tout-à-la-rue »[(3)] : on jette les ordures ménagères[(4)] sur la chaussée, et aucun ramassage n'est organisé. Les
20 détritus[(5)] s'accumulent, l'odeur est pestilentielle, et les épidémies

---

注
(1) **sauce « béchamel »**：「〈ベシャメル〉ソース」。小麦粉とバターで作ったルーを牛乳でとき、煮詰めた白いソース。
(2) **déchets**：「ごみ」。déchets を使った表現としては、déchets ménagers「都市廃棄物」、déchets industriels「産業廃棄物」、déchets alimentaires「生ごみ」、déchets radioactifs「放射性廃棄物」などがある。
(3) **« tout-à-la-rue »**：「ごみや汚水を自宅前の道路に捨てること」。
(4) **ordures ménagères**：「家庭から出るごみ」。
(5) **détritus**：（主に複数形で）「ごみ」、「塵芥」。

frappent durement les Parisiens : le choléra[6] et la fièvre typhoïde[7] font des ravages dans une société qui connaît des conditions de vie difficiles.

La situation sanitaire de la ville inquiète Eugène Poubelle, qui est acquis aux thèses hygiénistes : ce courant de pensée, né au milieu du XIXe siècle, désire améliorer la santé des citoyens en assainissant leurs 25 lieux de vie. Pour cela, il faut réaménager et équiper Paris afin de la moderniser.

Déjà, sous le Second Empire, le baron Haussmann[8] avait transformé la capitale : les rues avaient été élargies, les vieilles bâtisses détruites et remplacées par des bâtiments flambant neufs[9]. C'est aussi de cette 30 époque que datent les grands parcs parisiens[10] : le but est d'introduire dans la cité des espaces naturels où purifier l'air et l'esprit.

Eugène, lui, s'est attaché à la question plus ingrate des déchets. C'est d'ailleurs pour se moquer du préfet qu'un journal contemporain a nommé « poubelle » ces récipients disgracieux. Pourtant, si l'espérance 35 de vie[11] a depuis augmenté, n'est-ce pas autant grâce au développement de l'hygiène publique qu'aux progrès de la médecine ?

----

(6) **choléra**：「コレラ」。

(7) **fièvre typhoïde**：「腸チフス」。

(8) **le baron Haussmann**：オスマン男爵（1809-1891）。ナポレオン3世のもと、1853年から1870年までセーヌ県知事を務めた。その間、パリ市街の大改造に取り組み、現在のパリの原型を造ったと評価されている。

(9) **flambant neufs**：「真新しい」。flambant は des vêtements flambant neuf(s)「真新しい服」、une voiture toute flambant neuf (neuve)「ぴかぴかの新車」のような使い方をする。flambant は一般に不変、neuf の性数一致は任意。

(10) **grands parcs parisiens**：「パリの大公園」。ナポレオン3世の意をくんで、オスマンはブーローニュの森やヴァンセンヌの森を整備し市民に開放した。

(11) **espérance de vie**：「平均余命」。平均寿命は espérance de vie à la naissance という。

E.-R. Poubelle.

19

EXERCICES

1 フランス語を並べ替えて、日本語の文に対応するようなフランス語の文を作りなさい。ただし、文頭に来るものも小文字で始めてあります。

（1）私の村の教会は12世紀に建てられた。

date / de / du / l'église / notre / siècle / village / XIIᵉ / .

_____

（2）君はサッカーにはテニスほど興味がないの？

autant / football / le / le / ne / pas / que / t'intéresse / tennis / ?

_____

（3）あのダンサーたちはとても個性的な服を着ている。

ces / d'une / danseurs / façon / habillés / originale / sont / très / .

_____

（4）そんな書類の分類なんて、やりがいのある仕事のようには見えません。

ces / classer / ingrate / me / papiers / paraît / tâche / une / .

_____

（5）時間通りに着くよう、今すぐ出発しなさい。

à / afin / d'arriver / de / faut / il / l'heure / partes / que / tout / tu / suite / .

_____

2 次のフランス語の文がテキストの内容に一致している場合は〇を、一致していない場合は×を
[ ] 内に記入しなさい。

（1）Les mots « béchamel », « guillotine » et « poubelle » viennent tous des noms de leur inventeur. [　　　]

（2）Beaucoup de gens qui sont venus s'installer à Paris au XIXᵉ siècle vivaient dans des endroits propres. [　　　]

（3）Le développement de l'hygiène publique ainsi que les progrès de la médecine semblent avoir contribué à l'augmentation de l'espérance de vie. [　　　]

Texte 6 ナポレオン

　1769年にコルシカ島で生まれたナポレオン・ボナパルトは幼くしてフランス本土に渡り、教育を受けました。わずか16歳でパリの陸軍士官学校を卒業して砲兵士官となったのを皮切りに、軍功を重ね、驚くべきスピードで出世し、1799年にはブリュメール18日のクーデターを経て第一統領に、そして1804年12月2日には、パリのノートルダム大聖堂で行われた戴冠式で「フランス人民の皇帝」になります。それから、ロシア遠征の失敗、フォンテーヌブロー城での退位、エルバ島への追放、ウィーン会議、エルバ島からの脱出と復位、百日天下、ワーテルローの戦いでの敗北、セントヘレナ島での幽閉生活……と波乱万丈の生涯を送り、1821年に没しました。こうしたナポレオンの生涯は、実は彼の兄弟、姉妹、そしてとりわけ母親レティツィアによる献身的な努力によって支えられていました。あいつぐ戦争でヨーロッパばかりかエジプトをも大混乱に巻き込んだナポレオンでしたが、その一方で、フランス民法典の制定に関わったり、教育制度の改革に尽力したりもしました。

その頃日本では…

　ナポレオンが生まれた頃、日本では徳川家治が江戸幕府第10代将軍となっていました。将棋や書画などに没頭した家治は、田沼意次を老中に任命し、彼に幕政をゆだねていました。その間、役人間のわいろが横行し、政治が腐敗します。さらに浅間山が噴火し、天明の飢饉が起こって、百姓は困窮し、打ちこわしなどが多発します。1787年、第11代将軍になった家斉は意次を罷免し、松平定信による寛政の改革を通して国の安定を図ろうとします。定信は重農政策を推し進めて百姓の生活を改善しようと努める一方で、支出抑制策として、ぜいたく品の売買を禁止したり、風俗の粛清や出版の取締りも強化したりします。さらに異学も禁止しました。

07

6 Napoléon Bonaparte, une histoire de famille

Napoléon Bonaparte est un personnage incontournable de l'histoire de France. Jeune et brillant lieutenant pendant les guerres révolutionnaires, il est sacré empereur à 35 ans, conquiert la moitié de l'Europe en dix ans, puis perd tout. En 1815, il est défait à Waterloo, abdique et est exilé.

Cette épopée d'un être hors du commun est bien connue. Pourtant, l'aventure napoléonienne n'est pas celle d'un homme seul. Napoléon est avant tout le fer de lance⁽¹⁾ d'un clan familial⁽²⁾.

La famille Bonaparte appartient à la petite noblesse corse. Lorsque Napoléon naît en 1769, l'île⁽³⁾ vient d'être intégrée au Royaume de France. La situation est difficile et les Bonaparte vivent modestement. Unis autour de la mère, Letizia, ils veulent soutenir l'enfant qui pourra faire réussir le clan.

Grâce à des bourses d'études, garçons et filles sont envoyés sur le continent⁽⁴⁾ : les frères iront dans des écoles militaires, les sœurs dans des pensionnats pour jeunes aristocrates. Très tôt, on donne à Napoléon une place à part⁽⁵⁾. Il n'est pas le fils aîné, mais c'est lui qui, à la mort de Charles⁽⁶⁾, le père, devient le chef de famille.

Le jeune homme a alors 16 ans. Tout en travaillant dans l'armée, il aide sa mère à veiller sur la fratrie. La famille survit avec sa solde

---

注
(1) **fer de lance**：元来は「槍の穂先」のこと。ここでは「精鋭部隊」、「先兵」の意味で使われている。
(2) **clan familial**：ここでは「ボナパルト家一族」の意味。
(3) **l'île**：「コルシカ島」。ジェノヴァ共和国に属していたコルシカ島では1729年12月に起こった農民反乱を機に独立戦争が繰り広げられていた。戦争が続く中、1768年、島はジェノヴァ共和国からフランスに譲渡されることになり、パスカル・パオリ（1725-1807）率いる反乱軍たちはフランスと戦うことになったが、1769年6月にフランス軍が島全体を制圧し、40年にわたる独立戦争に終止符が打たれた。
(4) **le continent**：ここではコルシカ島に対する「フランス本土」の意味で使われている。
(5) **à part**：「例外的な」。
(6) **Charles**：ナポレオンの父シャルル・ボナパルト（1746-1785）。独立戦争を率いるパオリの副官としてフランスのコルシカ島併合に反対していたが、その後フランス側に転向した。フランス政府から貴族として認められるとともに、領事職などを歴任した。

d'officier pendant plusieurs années, et peut venir s'installer près de Marseille en 1793. Tous s'en souviendront.

Le grand frère, Joseph, choisit de se marier avec la fille d'un riche armateur : dès lors, il mettra sa nouvelle fortune au service de Napoléon. Quant à son petit frère Lucien, il permet la réussite du coup ²⁵ d'État du 9 novembre 1799 : ce jour-là, il préside le Conseil des Cinq-Cents⁽⁷⁾ et laisse Napoléon s'emparer du pouvoir.

Une fois couronné, l'empereur se montre à son tour généreux. Après chaque conquête, il met sur les trônes des pays européens les membres de sa famille : en Espagne, en Hollande, en Allemagne, en Italie, les ³⁰ Bonaparte remplacent les anciennes dynasties monarchiques.

Toutefois, Letizia reste le personnage central du clan. Elle n'aime pas la première épouse de Napoléon⁽⁸⁾, qui ne peut pas avoir d'enfant. Elle pousse son fils à divorcer, et à se remarier à une princesse autrichienne⁽⁹⁾ : il faut que les Bonaparte aient une descendance ³⁵ impériale.

En 1852, c'est un neveu, Louis-Napoléon⁽¹⁰⁾, qui prend le titre d'empereur. La saga familiale pouvait continuer...

(7) **le Conseil des Cinq-Cents**：「五百人会」。総裁政府（le Directoire、1795-99）期間中に存在したフランスの立法府のうちの下院のこと。
(8) **la première épouse de Napoléon**：ジョゼフィーヌ・ド・ボアルネ（1763-1814）のこと。ナポレオンと1796年に結婚、1810年に離婚。
(9) **une princesse autrichienne**：マリー＝ルイーズ（1791-1847）のこと。神聖ローマ帝国フランツ2世の長女。ナポレオンと1810年に結婚。
(10) **Louis-Napoléon**：ナポレオン3世（1808-1873）。彼の父はナポレオンの弟でホラント王のルイ、母はジョゼフィーヌが前夫ボアルネとの間にもうけた長女オルタンス。

EXERCICES

1 フランス語を並べ替えて、日本語の文に対応するようなフランス語の文を作りなさい。ただし、
文頭に来るものも小文字で始めてあります。

(1) 今度は君が話す番です。

à / c'est / de / la / parole / prendre / ton / tour / .

_____

(2) 最初に到着したのは私です。

arrivée / c'est / la / moi / première / qui / suis / .

_____

(3) フランス人を理解したかったら、その本はどうしても読んでおかないと。

ce / comprendre / est / Français / incontournable / les / livre / pour / .

_____

(4) テロリストたちは武器貯蔵庫を占拠しました。

d'armes / d'un / dépôt / emparés / les / se / sont / terroristes / .

_____

(5) 若そうに見えるけれど、彼はもう60歳をこえています。

a / ans / de / en / il / jeune / paraissant / plus / soixante / tout / , / .

_____

2 次のフランス語の文がテキストの内容に一致している場合は○を、一致していない場合は×を
[ ] 内に記入しなさい。

(1) Quand Napoléon Bonaparte est né en 1769, la Corse appartenait déjà
au Royaume de France. [   ]

(2) Les frères et sœurs de Napoléon se sont entraidés pour que les
Bonaparte prospèrent. [   ]

(3) La mère de Napoléon avait un rôle secondaire dans la famille
Bonaparte. [   ]

Texte 7 オランプ・ド・グージュ

　フランス南西部のモントーバン近郊で1748年に生まれたオランプ・ド・グージュは、17歳で親から望まぬ結婚を強いられます。その夫が死去すると、彼女はパリに向かい、サロンに出入りし、多数の政治家や文人たちと交流しました。1789年8月、バスチーユ牢獄が襲撃された翌月、世に名高い「人間および市民の権利の宣言」（「フランス人権宣言」）が憲法制定国民議会で採択されました。その第一条には、「人間は自由で権利において平等なものとして生まれ、かつ生きつづける」という文言がありました。しかし彼女は、この宣言では女性の存在があまりにも忘れられ、男性が優遇されていると抗議し、1791年、自ら「女性および女性市民の権利の宣言」を書き上げます。

その頃 日本 では…

　オランプ・ド・グージュが生まれた1748年には、モンテスキューが『法の精神』を出版しています。立憲主義や三権分立や奴隷制の廃止などを主張するこの著作はアメリカ合衆国憲法やフランス人権宣言、さらにフランスの1791年憲法の制定にも影響を与えました。日本では、明治に入り、自由民権運動の高まりの中、板垣退助らが1874年に民撰議院設立建白書を提出したのをきっかけに、ようやく女性参政権や女性解放や男女平等社会の実現の要求がなされるようになりました。その中で「民権ばあさん」と呼ばれた楠瀬喜多のような活動家が活躍しました。

08

Texte 7 ▸ Olympe de Gouges, femme révolutionnaire

Aujourd'hui, le nom d'Olympe de Gouges est inséparable de l'histoire du féminisme français. C'est celui de l'auteure[1] d'un texte pionnier publié en pleine Révolution française, la *Déclaration des droits de la femme et de la citoyenne*. Elle y demande le respect d'une égalité stricte entre
5 tous les sexes, rappelant que « la femme naît libre et demeure égale à l'homme en droits ».

Son manifeste fait pendant à la fameuse *Déclaration des droits de l'homme et du citoyen*[2] de 1789, à qui Olympe reproche d'avoir trop oublié le beau sexe. Selon elle, le terme « homme » désigne ici plus
10 souvent l'individu masculin que l'être humain en général.

De fait, les révolutionnaires ne semblent pas s'intéresser au sort des femmes : celles-ci restent privées du droit de vote[3], du droit de propriété[4], et sont toujours sous la tutelle de leur père ou de leur mari. C'est de cette dépendance qu'Olympe de Gouges voulait les extraire.

15 Elle a d'ailleurs connu cette sujétion dans sa jeunesse. Jusqu'à l'âge de 19 ans, cette jeune provinciale avait mené la triste vie des femmes de son époque : adolescente soumise à l'autorité paternelle, elle avait été mariée de force[5] à un homme de trente ans son aîné. La mort prématurée de son époux allait la libérer.

20 Elle part alors pour Paris, et s'émancipe. Dans les salons mondains de

---

注
(1) **auteure**：auteur の女性形で「女性の著者」。
(2) ***Déclaration des droits de l'homme et du citoyen***：「人間および市民の権利の宣言」（「フランス人権宣言」）。この第1条の第1文には、« Les hommes naissent et demeurent libres et égaux en droits. » とあります。オランプ・ド・グージュの起草した *Déclaration des droits de la femme et de la citoyenne* の第1条の第1文 « La femme naît libre et demeure égale à l'homme en droits. » と比較してみましょう。
(3) **droit de vote**：「選挙権」。1944年4月、アルジェに置かれていたフランス共和国臨時政府のシャルル・ド・ゴールの命によりフランス人女性に選挙権と被選挙権（l'éligibilité）が与えられた。
(4) **droit de propriété**：「所有権」。フランス人既婚女性が自分の給与を自由に処分できるようになったのは1907年、女性が夫の同意なしに自分の固有財産を管理し、仕事に就くことができるようになったのは1966年である。
(5) **de force**：「無理やりに」、「力づくで」。

la capitale, elle rencontre les artistes, les philosophes et les scientifiques les plus célèbres de son temps[6], et n'hésite pas à débattre avec eux d'égal à égal[7]. Elle entretient aussi plusieurs relations, mais refuse obstinément un second mariage, préférant vivre en concubinage.

Surtout, celle qui s'était appelée Marie Gouze, du nom de son père, puis Marie d'Aubry, du nom de son mari, décide de prendre le pseudonyme d'Olympe de Gouges. En abandonnant ses anciens patronymes, elle désire s'affranchir de la domination masculine pour affirmer son indépendance. Son nom, c'est son identité, et elle ne veut pas qu'il lui soit imposé par des hommes.

Olympe de Gouges était certainement trop en avance sur son temps. La société d'alors[8] n'était pas prête pour ces changements, et ses idées lui ont attiré beaucoup d'inimitié. Alors qu'elle avait été une figure importante du début de la Révolution française, elle est arrêtée et condamnée à la guillotine en 1793, après un procès sans avocat[9]. 35

25

30

DÉCLARATION DES DROITS DE LA FEMME ET DE LA CITOYENNE,

À décréter par l'Assemblée nationale dans ses dernières séances ou dans celle de la prochaine législature.

PRÉAMBULE.

Les mères, les filles, les sœurs, représentantes de la nation, demandent d'être constituées en assemblée nationale. Considérant que l'ignorance, l'oubli ou le mépris des droits de la femme, sont les seules causes des malheurs publics et de la corruption des gouvernemens, ont résolu d'exposer dans une déclaration solemnelle, les droits naturels, inaliénables et sacrés de la femme, afin que cette déclaration, constamment présente à tous les membres du corps social, leur rappelle sans cesse leurs droits et leurs devoirs, afin que les actes du pouvoir des femmes, et ceux du pouvoir des hommes pouvant être à chaque instant comparés avec le but de toute institution politique, en soient plus respectés, afin que les réclamations des citoyennes, fondées désormais sur des principes simples et incontestables, tournent toujours au maintien de la constitution, des bonnes mœurs, et au bonheur de tous.

En conséquence, le sexe supérieur en beauté comme en courage, dans les souffrances maternelles, reconnaît et déclare, en présence

Déclaration des droits de la femme et de la citoyenne（「女性および女性市民の権利の宣言」）

---

(6) **de son temps**：「当時の」。
(7) **d'égal à égal**：「対等に」。
(8) **d'alors**：「その頃の」。
(9) **un procès sans avocat**：オランプ・ド・グージュにたいする裁判は1793年11月3日、弁護士が不在のまま進められ、有罪判決を受けた彼女はその日のうちに処刑された。

EXERCICES

1 フランス語を並べ替えて、日本語の文に対応するようなフランス語の文を作りなさい。ただし、文頭に来るものも小文字で始めてあります。

(1) 私たちの夢はいなかで穏やかな人生を送ることです。

à / campagne / de / est / la / mener / notre / rêve / tranquille / une / vie /.

_____

(2) 彼女はすべての権利を剥奪された。

de / droits / l'a / on / privée / ses / tous /.

_____

(3) 彼は私が彼を助けなかったと非難している。

aidé / avoir / de / il / l' / me / ne / pas / reproche /.

_____

(4) 言語の学習は文化の学習と切り離すことはできない。

celui / culture / de / de / de / est / inséparable / la / la / langue / l'apprentissage /.

_____

(5) この署名によって両国の関係は強化されるだろう。

à / cette / deux / entre / les / nos / pays / relations / renforcer / servira / signature /.

_____

2 次のフランス語の文がテキストの内容に一致している場合は○を、一致していない場合は×を [ ] 内に記入しなさい。

(1) Selon Olympe de Gouges, les révolutionnaires s'intéressaient suffisamment au sort des femmes. [   ]

(2) En abandonnant le nom de son père et ensuite celui de son mari, Olympe de Gouges voulait s'affranchir de la domination masculine. [   ]

(3) Les idées d'Olympe de Gouges n'ont pas été comprises à son époque. [   ]

28

トゥッサン・ルーヴェルチュール

　カリブ海に浮かぶイスパニョーラ島西部にあったフランスの植民地で生まれたトゥッサン・ルーヴェルチュール。彼の父はサトウキビ畑で働く奴隷でした。1789年、フランス本土で革命が起こったとの報に接した島の黒人奴隷たちが自由と平等を求めて反乱を起こすのを目のあたりにしたルーヴェルチュールは、様々な勢力間のかけひきやフランス本土での政治的変動に翻弄されながらも、巧みに反乱を指導して、ついにはエスパニョーラ島独自の憲法を起草し公布するまでになります。しかし、国民公会が廃止することを宣言したはずの黒人奴隷制を復活させようとするナポレオンと対立し、逮捕され、ついにはフランスに送られて獄死してしまいます。2006年、ジャック・シラク大統領はルーヴェルチュールの功績をたたえ、その遺骸をパンテオンに移す決定をしました。

その頃 **日本** では…

　トゥッサン・ルーヴェルチュールが黒人の自由と解放をめざしてスペインやイギリスやフランスの軍隊と戦っていたころ、日本では各地で打ちこわしや百姓一揆が起こりました。その目的は幕府や藩の転覆ではなく、悪政を訴え、年貢の減免や御用金の免除、専売制の廃止などを求めたものでした。江戸時代を通して三千件を越える百姓一揆が行われたとの統計もありますが、18世紀に入って、特に凶作や飢饉の後に多発しました。

Toussaint Louverture, la liberté coûte que coûte[(1)]

Au Panthéon, une inscription rend hommage à Toussaint Louverture : ce temple des héros de la République célèbre le « combattant de la liberté » et l'« artisan de l'abolition de l'esclavage ». Pourtant, l'histoire de cet afro-caribéen avec la France a été très conflictuelle.

5　Toussaint Louverture naît en 1743 à Saint-Domingue, l'actuel Haïti. La culture de la canne à sucre fait alors la fortune de cette colonie des Caraïbes, mais les conditions de travail sont terribles. Dans les plantations, les esclaves sont fouettés ou même tués au moindre écart. Il faut sans cesse faire venir de nouveaux hommes depuis l'Afrique.

10　Toussaint a un peu plus de chance : il est domestique, et son maître l'apprécie. D'ailleurs, ce dernier l'affranchit : à 33 ans, Louverture devient un « libre de couleur », c'est-à-dire une personne noire non esclave. Ses droits sont toutefois limités, et il est un citoyen de second rang.

15　Lorsqu'en 1789 la Révolution française commence en métropole, de violentes révoltes d'esclaves éclatent dans l'île : eux aussi veulent l'égalité et la liberté. Toussaint prend alors la tête d'une armée d'insurgés, et organise des raids contre les colons européens.

Toutefois, en 1793, les choses changent. La Convention[(2)] envoie des
20　émissaires à Saint-Domingue : on promet la liberté aux hommes qui

---

注
(1) **coûte que coûte**：「どんな犠牲を払ってでも」、「絶対に」。
(2) **la Convention**：「国民公会」。1792年9月から1795年10月まで続いたフランス革命期の議会。王政廃止、共和制樹立、封建地代の無償廃止、黒人奴隷制の廃止を推進した。その一方で、1793年1月にはルイ16世を処刑した。その後ジャコバン派が中心となって、マリー＝アントワネットなどの国王一家や王党派、さらには穏健なジロンド派などを捕らえ、次々と処刑する恐怖政治をしいた。

reprennent le travail ou s'engagent dans l'armée ; puis, l'abolition de l'esclavage est adoptée à l'unanimité le 4 février 1794 à Paris. Le rebelle rallie alors le camp de la jeune République française.

Dans les Caraïbes, Louverture se bat contre les Espagnols et les Anglais. C'est un chef militaire doué, et son ascension dans l'armée 25 française est fulgurante : il est promu général, puis gouverneur de l'île. En quelques années, il a pris le contrôle de la colonie.

Malheureusement, entre-temps, le régime a changé en France : Napoléon est au pouvoir, et il est favorable au rétablissement de l'esclavage. En 1801, Toussaint Louverture promulgue donc la 30 Constitution de Saint-Domingue : fidèle aux idéaux républicains, elle garantit la liberté et l'égalité de tous les hommes sur l'île, quelle que soit leur origine.

L'Empereur français ne le lui pardonnera pas : il envoie un corps expéditionnaire[3] pour le capturer. Toussaint est arrêté, et déporté en 35 France[4] où il mourra en prison le 7 avril 1803. Haïti, lui, proclamera son indépendance l'année suivante[5] :
c'est la première révolte réussie d'esclaves noirs du monde moderne.

----

(3) **corps expéditionnaire**：「遠征軍」。
(4) **déporté en France**：フランスに家族とともに移送される直前に、ルーヴェルチュールは次のような言葉を残したと伝えられている。「私を倒したとしても、それはサン＝ドマングに生えた黒人たちの自由の木の幹を切り倒したにすぎません。でもその木は根っこから再び生えてくるでしょう。なぜならその根はたくさんあって、地面の奥深くまで伸びているからです。」
(5) **l'année suivante**：ルーヴェルチュールの後を継いで革命を指導したジャン＝ジャック・デサリーヌ（1758-1806）がサン＝ドマング領内のフランス軍を駆逐するのに成功し、1804年1月1日、ハイチ共和国の独立を宣言した。

EXERCICES

1 フランス語を並べ替えて、日本語の文に対応するようなフランス語の文を作りなさい。ただし、文頭に来るものも小文字で始めてあります。

(1) そこに行くのに2時間かかりました。

a / aller / deux / fallu / heures / il / pour / y / .

_____

(2) 父さんはクリスマスにスマホをプレゼントしてくれると約束した。

a / m' / mon / Noël / père / pour / promis / smartphone / un / .

_____

(3) 君はどうしていたんだい。

ce / devenu /es / est / qu' / que / tu / - / ?

_____

(4) お話をさえぎってすみません。

de / interrompre / moi / pardonnez / vous / - / .

_____

(5) 彼女は全会一致で議長に選出されるだろう。

à / elle / élue / l'unanimité / présidente / sera / .

_____

2 次のフランス語の文がテキストの内容に一致している場合は〇を、一致していない場合は×を [　] 内に記入しなさい。

(1) En tant que « libre de couleur », Toussaint Louverture disposait d'autant de droits que les maîtres blancs. [　　]

(2) C'est la Convention qui a décidé l'abolition de l'esclavage en 1794. [　　]

(3) Napoléon était favorable à la Constitution de Saint-Domingue. [　　]

モリエール

　ジャン＝バチスト・ポクランことモリエールは1622年パリで生まれました。彼はコルネイユやラシーヌとならぶフランス古典主義の三大作家のひとりとして知られています。演劇に熱中し、家業を継ぐことを拒否した彼は1643年に「盛名座」を結成しますが、2年ほどで解散の憂き目を見ます。その後、彼は長期にわたる地方巡業の旅に出ます。1658年、パリに帰還し、『女房学校』『タルチュフ』『ドン・ジュアン』『人間嫌い』『守銭奴』『病は気から』などの傑作を次々に発表します。偽善や欺瞞や虚栄にとらえられた人物を嘲笑する批判精神はしばしば厳しい検閲にあいましたが、人々の喝采を浴びました。これらの作品は現在でも世界中の舞台で上演されています。またモリエールはコメディ・バレエでも才能を発揮しました。ルイ14世のお気に入りだったという『はた迷惑な人たち』や『強制結婚』などが知られています。

その頃日本では…

　モリエールが生きた時代は江戸時代の初期にあたります。彼が生まれた1622年、長崎で多数のキリシタンが処刑されました（元和の大殉教）。厳しい弾圧が続く中、1637年から翌年にかけて島原の乱も起こっています。またイギリス船やスペイン船に次いで、1639年にはポルトガル船の来航が禁止され、江戸幕府は鎖国の体制を完成させました。そうした鎖国状態の大坂で生まれた井原西鶴は、好色物や町人物などで、モリエールと同じようにユーモアと諧謔をまじえて町人の享楽的で活力に満ちた生活を大胆に描き出して喝采を浴びることになります。

Texte 9 ▷ Jean-Baptiste Poquelin dit Molière

On utilise aujourd'hui couramment l'expression « langue de Molière[1] » pour désigner le français. C'est dire l'importance de cet auteur de théâtre dans l'histoire et la culture de la France. Pourtant, sa vie et son œuvre sont entourées de mystères.

5　Jean-Baptiste Poquelin est le fils aîné de marchands parisiens. Dans son enfance, ce garçon banal se destine à reprendre l'affaire familiale de tapisserie. Cependant, en 1644, à l'âge de 21 ans, il choisit de partir à l'aventure dans une troupe de théâtre itinérante[2] : il prend alors le nom de scène[3] de Molière, qui va le rendre célèbre dans le monde entier.

10　C'est en province qu'il fait ses premières armes[4] : pendant plus de 10 ans, il parcourt la France et devient un acteur doué. Il s'essaie aussi à l'écriture, même si ces pièces sont encore très modestes : quelques courtes farces grossières, qui imitent des pièces italiennes[5]. Il revient finalement à Paris en 1658, où il est invité à jouer devant la cour. Pour 15 Poquelin, c'est un retour triomphal.

Dramaturge préféré du roi Louis XIV[6], il multiplie les comédies à succès, même si certaines[7] font scandale. En effet, celui qu'on n'appelle plus dorénavant que Molière n'a pas peur des polémiques : il n'hésite pas à se moquer de l'hypocrisie des dévots, ou du snobisme des 20 aristocrates de l'époque.

注
(1)　**langue de Molière**：英語を「シェイクスピアの言語」、スペイン語を「セルヴァンテスの言語」と呼ぶように、フランス語を「モリエールの言語」と呼ぶ習慣が定着している。
(2)　**une troupe de théâtre itinérante**：「地方を巡業して回る劇団」。モリエールとその仲間たちは南フランスの町を中心に10年以上巡業生活をしていた。
(3)　**nom de scène**：「舞台名」。
(4)　**il fait ses premières armes**：〈faire ses premières armes〉で「第一歩を踏み出す」、「デビューする」の意になる。
(5)　**pièces italiennes**：「イタリアの演劇」。具体的にはコメディア・デッラルテ（Commedia dell'arte）と呼ばれるイタリアを起源とする仮面を使った即興演劇のこと。
(6)　**Louis XIV**：フランス絶対王政の全盛期を築いたルイ14世はヴェルサイユ宮殿に宮廷舞踏を取り入れた。王はまた演劇を愛し、ラシーヌやモリエールを手厚く庇護した。
(7)　**certaines**：この certaines は不定代名詞で女性複数形である。certaines comédies の意。

Mais, il s'est avant tout[8] mué en un écrivain de talent : ses œuvres, devenues fines et riches, renouvellent le genre comique et sont considérées comme les plus réussies du théâtre français. Sa gloire, immense, est renforcée par sa fin légendaire : on dit qu'il est mort sur scène, lors d'une représentation du *Malade imaginaire*[9] !   25

En réalité, Molière s'est éteint chez lui, sans laisser de trace personnelle. Il ne reste aucune lettre, aucun brouillon ni journal intime[10] qui aurait pu nous renseigner sur sa personnalité ou sur la genèse de ses pièces. Certains[11] s'interrogent même. Comment ce bourgeois à l'éducation sommaire a-t-il pu écrire tout à coup de tels   30 chefs-d'œuvre ? Jean-Baptiste Poquelin, cet écrivain si longtemps médiocre, est-il vraiment l'auteur de ces pièces ?

Ce soupçon, légitime ou non, participe de fait au « mythe Molière », et le rapproche d'autres grands artistes : on a aussi accusé Shakespeare de n'être qu'un prête-nom ; quant à Homère, ou Sharaku, c'est leur   35 existence qui a parfois été remise en cause. Est-ce là la marque des plus grands ?

----

(8) **avant tout**：「何よりまず」。

(9) *Le Malade imaginaire*：『病は気から』。1673年2月10日にパリのパレ・ロワイヤルで初演されたモリエール最後の戯曲。

(10) **Il ne reste aucune lettre, aucun brouillon ni journal intime**：「どんな手紙も草稿も内面日記のたぐいも残されていない」。非人称構文であることに注意。〈aucune〜, aucun〜, ni〜〉は ne とともに使われて「いかなる…も、…も、…もない」の意。

(11) **Certains**：この certains は男性複数形で、不特定の「ある人々」の意味で使われている。

EXERCICES

1 フランス語を並べ替えて、日本語の文に対応するようなフランス語の文を作りなさい。ただし、文頭に来るものも小文字で始めてあります。

(1) 私たちはその子猫のおかげで幸せになれるでしょう。

ce / chat / heureux / nous / petit / rendra / .

_____

(2) その計画に賛成の人もいるが、そうでない人もいる。

avec / ce / certains / d'accord / d'autres / pas / projet / sont / , / .

_____

(3) こまったときは、遠慮せずに電話をしてきてください。

à / difficulté / en / êtes / me / n'hésitez / pas / quand / téléphoner / vous / .

_____

(4) すべての決定事項は今後再検討されるでしょう。

cause / décisions / en / les / remises / seront / toutes / .

_____

(5) 彼はフランスで最高の小説家のひとりとみなされています。

considéré / comme / des / est / français / il / meilleurs / romanciers / un / .

_____

2 次のフランス語の文がテキストの内容に一致している場合は〇を、一致していない場合は×を [ ] 内に記入しなさい。

(1) Depuis son enfance, Jean-Baptiste Poquelin rêvait de devenir acteur.
[   ]

(2) Contrairement à une légende répandue, Molière n'est pas mort sur scène. [   ]

(3) La vie et l'œuvre de Molière sont pleines de mystères comme celles de Shakespeare, Homère ou Sharaku. [   ]

Texte 10 ベルナール・パリシー

　フランス・ルネッサンス期の1510年頃、フランス南西部の小村で生まれたベルナール・パリシーは、1539年、中国の白磁を見てその魅力に取りつかれます。ヨーロッパでまだだれも知らないその製造の秘密を解き明かそうと、彼は以後15年にわたり試行錯誤の実験を続けます。研究熱心な彼は窯の火が消えないようにするために、自宅の家具や床板を燃やすのもためらわなかったと伝えられています。この逸話は、研究への熱情こそが成功へ導くというたとえとしてフランス人にあまねく知られていますが、実は、サミュエル・スマイルズ著『自助論』（邦題『西国立志編』、中村敬宇訳、1871年）のおかげで、明治期の日本にも紹介されていました。パリシーは陶工だっただけでなく、地質学や化学や物理学や農学などの知識も豊富で、一般向けの書籍も多数残しています。まさにフランスのレオナルド・ダ・ヴィンチでした。

その頃日本では…

　ベルナール・パリシーが生きた16世紀、日本では戦国大名たちが天下統一をめざして争いあっていました。1560年、桶狭間の戦いで今川義元を討ち取るなどして勢力を急速に拡大していた織田信長は、1582年、統一を目前に本能寺の変で倒れ、代わって家臣の豊臣秀吉が統一を果たします。ちなみに、パリシーがその秘密を追い求めていた白磁が日本で生産されるようになったのは17世紀初頭のことです。これには、文禄・慶長の役の末期に朝鮮半島から連れてこられた陶工で有田焼の祖となった李参平によるところが大きいと考えられています。

Texte 10 ▸ Bernard Palissy, ou le mythe de l'inventeur de génie

Bernard Palissy est un peu le Léonard de Vinci français. Comme l'illustre Italien, il vivait à la Renaissance, portait une barbe et était polymathe[1] : potier, vitrier, émailleur, géologue, chimiste, physicien, agronome, écrivain..., il possédait des connaissances variées en science,
5 en art et en technique. Comme lui, il est devenu après sa mort le symbole de l'inventeur ou de l'artiste de génie.

Toutefois, Vinci est encore célèbre aujourd'hui grâce à ses réalisations : tout le monde connaît au moins l'un de ses tableaux, a déjà vu un dessin ou a entendu parler de ses machines. Palissy, lui, n'est resté
10 dans les mémoires qu'à la faveur d'une anecdote : l'épisode du four.

C'est Bernard Palissy qui raconte lui-même l'histoire. Tout commence en 1539 avec la découverte d'une coupe en céramique blanche, peut-être une porcelaine chinoise. Comment a-t-elle été fabriquée ? Personne en Europe ne le sait ; mais Bernard veut percer ses mystères.

15 Il entreprend alors de retrouver la composition de cet émail blanc pour recréer des pièces similaires. Pendant plus de 15 ans, il y consacre tout son temps, répétant les expériences, accumulant les échecs et dépensant ses biens. Sa famille et ses voisins pensent qu'il poursuit une chimère : on se moque de lui.

20 Il est vrai que le potier est obsédé par cette coupe. Il est même prêt à

注
(1) **polymathe** :「芸術や学問の多くの分野で深い知識を有している人」。

sacrifier sa maison ! Ainsi, un jour de 1550, il décide de jeter au feu les meubles et d'arracher le plancher pour alimenter son four[2] : il n'a plus de bois, et ne veut pas perdre sa fournée. Au final, ce n'est qu'en 1555 qu'il réussira à produire des poteries jaspées[3]. Qu'importe, la légende de Bernard Palissy est née. 25

Le mythe palisséen[4] devient particulièrement fort au XIXᵉ siècle. Des images d'Épinal[5] le représentent brûlant le mobilier de son logis. Palissy, c'est l'héroïsme maniaque du génie qui, même réduit à la misère, n'abandonne jamais. À l'école, son exemple sert de leçon : l'épisode du four montre aux jeunes Français qu'une cause vaut qu'on lui sacrifie 30 tout.

Pourtant, ce récit dessert peut-être Bernard Palissy : il le peint comme un pyromane un peu fou qui ne pense qu'à lui. Au contraire, l'inventeur voulait partager son savoir : il écrivait des livres de vulgarisation scientifique afin que « tous les hommes de France [puissent] apprendre 35 à multiplier et à augmenter leurs trésors[6] ».

----

(2) **alimenter son four**：「竈の火を絶やさないように薪などをくべる」。

(3) **poteries jaspées**：「碧玉色の釉薬を使った陶器」。ヨーロッパで白磁の生産に初めて成功したのは錬金術師ヨハン・フリードリッヒ・ベトガーで、パリシーの死後一世紀以上も経った1709年のことである。これが現在のマイセン磁器のもとになっている。なお、ベトガーは、サミュエル・スマイルズ著『自助論』でパリシー、ウェッジウッドとともに「陶工三大家」として紹介されている。

(4) **palisséen**：Palissy から作った形容詞で「パリシーの、パリシー的な」の意。

(5) **images d'Épinal**：「エピナル版画」。ヴォージュ県のエピナルで作られていた史実や政治的事件や逸話などを題材にした通俗的色刷り版画。

(6) **trésors**：ここでは connaissances「知識」の意味で使われている。

EXERCICES

1 フランス語を並べ替えて、日本語の文に対応するようなフランス語の文を作りなさい。ただし、文頭に来るものも小文字で始めてあります。

(1) その美しい庭園は回り道をしてでも訪ねるに値します。

beau / ce / détour / fasse / jardin / le / on / qu' / vaut / .

_____

(2) 彼らのおかげで、私たちは目標に到達することができました。

à / atteindre / avons / eux / grâce / objectifs / nos / nous / pu / , / .

_____

(3) マリオンが日本に来たら、私は彼女の案内役をするつもりです。

à / au / de / guide / Japon / je / Marion / servirai / .

_____

(4) 私のあらゆる努力が無駄になった。

à / efforts / été / mes / néant / ont / réduits / tous / .

_____

(5) それは私に残された唯一のチャンスです。

c'est / chance / la / me / qui / reste / seule / .

_____

2 次のフランス語の文がテキストの内容に一致している場合は〇を、一致していない場合は×を [ ] 内に記入しなさい。

(1) L'épisode du four a été inventé après la mort de Bernard Palissy. [   ]

(2) À l'école, on s'est servi de l'image de Palissy pour montrer aux jeunes Français les dangers de l'obsession. [   ]

(3) Loin d'être un homme égoïste, Bernard Palissy a tenu à partager son savoir en écrivant des livres de vulgarisation scientifique. [   ]

Texte 11 フランソワ・ヴィヨン

　フランソワ・ヴィヨン、泥棒にして殺人犯、放浪者にして詩人……。『形見の歌』と『遺言詩集』という2冊の詩集を遺した彼に関する伝記的記述は矛盾だらけです。また、1463年にパリから追放されて以降の消息が分かっていません。そうした事情もあってか、それぞれの時代が自分たちに似合いのヴィヨン像を描いてきたように思われます。日本でも太宰治が1947年に『ヴィヨンの妻』という短編小説を発表しました。ヴィヨンのように放蕩者で、盗みを重ね、家族を裏切り続ける夫を懸命に支える妻「さっちゃん」の最後に発する「人非人でもいいじゃないの。私たちは、生きてさえいればいいのよ」という言葉が強く印象に残る作品ですが、これもまた太平洋戦争直後の太宰によるヴィヨン解釈のひとつだったのかもしれません。

その頃 日本では…

　フランソワ・ヴィヨンは1431年4月に生まれ、1463年頃漂泊のうちに消息を絶ったと考えられていますが、当時の日本は足利幕府の将軍とその力をしのぐような守護大名たちとの争いが頻繁に起こっていた時代でした。それがやがて、1467年、京都の町を荒廃させる応仁の乱へとつながっていきます。ヴィヨンより10年ほど先に生まれた飯尾宗祇（1421-1502）は、そうした混乱の中、長尾、太田、上杉、朝倉などの武将に連歌を指南するために旅をし、後世「旅の詩人」と呼ばれましたが、彼は松尾芭蕉の先達のひとりと考えられています。

♪12 **Texte 11** ▷ **François Villon, poète et voyou du Moyen Âge**

Le nom de Villon n'est pas inconnu des amateurs de littérature japonaise : Osamu Dazai l'utilise pour sa nouvelle *La Femme de Villon*[(1)]. L'auteur s'y peint sous les traits de Monsieur Otani, un écrivain alcoolique et voleur fasciné par le poète français du XVe siècle. Osamu
5 Dazai, double moderne de François Villon ?

De fait, chacun peut retrouver chez Villon un peu de lui : artiste et moraliste, bandit et meurtrier, jeune homme amoureux et brillant, l'homme possède une infinité de facettes, et est à la fois tout et son contraire.

10 D'ailleurs, il a côtoyé tous les milieux de la société médiévale. Il naît à Paris en 1431 dans une famille modeste, mais est confié à un chapelain qui s'occupe de son éducation. François Villon fait des études remarquables à la Sorbonne[(2)] d'où il sort diplômé[(3)].

À 21 ans, c'est un lettré et un homme d'église, l'Université de Paris
15 formant à l'époque l'élite du clergé du pays. Il appartient maintenant à une caste privilégiée, et va bientôt publier ses premiers vers. La majorité de la population, elle, est analphabète.

Paradoxalement, c'est à ce moment que Villon glisse vers la délinquance. Avec d'anciens étudiants, il fréquente les bas-fonds[(4)] de la
20 capitale, ses tavernes[(5)], ses bandes de brigands[(6)] et ses filles de joie[(7)] : il

---

注
(1) *La Femme de Villon*：『ヴィヨンの妻』。太宰治の短編小説。1947年。
(2) **la Sorbonne**：パリ大学は12世紀半ばに創設されたヨーロッパで最古の大学のひとつだが、1257年、聖王ルイの宮廷付司祭ロベール・ド・ソルボンがソルボンヌ学寮を設立して以降、パリ大学は「ソルボンヌ」と呼ばれてきた。
(3) **il sort diplômé**：ソルボンヌの古記録簿にヴィヨンが学士号と学芸修士号を取得したとの記載があるとのことである。
(4) **bas-fonds**：「(複数形で) 社会の最下層」、「どん底」。
(5) **tavernes**：「居酒屋」。
(6) **bandes de brigands**：「強盗団」。
(7) **filles de joie**：「遊女」。

s'amuse beaucoup, se bagarre et fait de mauvaises rencontres. Le 5 juin 1455, il tue même un prêtre lors d'une rixe.

La justice l'excuse, mais à partir de ce jour commence une vie d'errance permanente. Le jeune homme multiplie les méfaits : vols, cavales et arrestations rythment son existence. Il est plusieurs fois 25 emprisonné et torturé, ce qui marque son œuvre poétique.

Du reste, son texte le plus célèbre s'appelle la *Ballade des pendus*[8]. François Villon vient d'être condamné à mort après une nouvelle agression. Il s'y décrit[9] la corde au cou, s'adressant aux passants pour les appeler à la compassion. Finalement, en janvier 1463, la peine est 30 commuée en un bannissement de 10 ans. Dès lors, on perd toute trace de Villon.

Reste son image qui fluctue au fil du temps. La Renaissance apprécie l'étudiant noceur même s'il est un peu escroc ; le XIXᵉ siècle préfère le poète vagabond, aux marges de la société. Ainsi, chaque époque 35 possède son Villon, et se représente différemment le Moyen Âge : il est soit rieur, soit noir[10].

----

(8) ***Ballade des pendus*** :「絞首罪人のバラード」。

(9) **s'y décrit** : se décrire は「自分の姿を描き出す」。後に続く la corde au cou は状況副詞で「首にロープがかけられた状態の」の意味。

(10) **soit rieur, soit noir** : 〈soit〜, soit〜〉で「…か、あるいは…か」の意味。

EXERCICES

1 フランス語を並べ替えて、日本語の文に対応するようなフランス語の文を作りなさい。ただし、文頭に来るものも小文字で始めてあります。

（1）その歌手の名前ならみな知っています。

bien / ce / chanteur / connu / de / de / est / le / nom / tous / .

_____

（2）彼女は自動車事故を起こしたが、無事だった。

accident / d' / de / elle / est / saine et sauve / sortie / un / voiture / .

_____

（3）情報が欲しいとき、だれに問い合わせたらいいですか。

à / avoir / des / faut / il / qui / pour / renseignements / s'adresser / - / ?

_____

（4）彼女はもう日本にいないんですか、知りませんでした。

a / ce / elle / Japon / je / le / ne / pas / que / quitté / savais / , / .

_____

（5）そのオレンジはどこから来ているんだろう。

ces / demande / je / me / d'où / oranges / viennent / .

_____

2 次のフランス語の文がテキストの内容に一致している場合は〇を、一致していない場合は×を
[ ] 内に記入しなさい。

（1）Personne ne veut se reconnaître en François Villon, bandit et
　　meurtrier.［　　］

（2）Alors qu'il était un homme d'église, François Villon aimait aller dans
　　les mauvais lieux.［　　］

（3）Dans la *Ballade des pendus*, François Villon se montre décidé à mourir
　　sans l'amour de Dieu ni la compassion du monde.［　　］

Texte 12 ジャンヌ・ダルク

　ジャンヌ・ダルクは困難に陥った国を救うために立ち上がった存在として、今もなおフランス人に親しまれています。1429年5月8日、イングランド軍に包囲されていたオルレアンの町を解放したことから、彼女は「オルレアンの乙女」（la Pucelle d'Orléans）とも呼ばれていますが、オルレアンでは現在もなおこの歴史的な偉業をたたえて「ジャンヌ・ダルク祭」が盛大に開かれています。フランスの無形文化遺産に指定されたこの祭では、ジャンヌに扮した馬上の少女を中心に勇壮な行列が町を練り歩くだけでなく、広場には中世風の市が立って多くの観光客をひきつけています。しかし、そんな彼女を政治的に利用しようとする動きが以前からあり、現在にいたっています。よく知られているのはナポレオンやペタンなどですが、彼らばかりでなく、ミッテランやシラクやサルコジやマクロンといったフランス第5共和制の歴代の大統領たち、さらには大統領候補たちもまた、自らの求心力を高め、支持層を拡大するために彼女を引き合いに出し、危機に陥ったフランスの救世主であるかのような発言を続けています。

その頃 日本 では…

　ジャンヌ・ダルクがイングランド軍からオルレアンを解放する前年の1428年、室町時代の日本では 正 長 の土一揆が起こりました。天候不順による凶作や流行病に悩まされた近江坂本（現在の滋賀県大津市）の馬 借 （馬で荷物を運ぶ運送業者）などが中心となって徳政を求めたのです。それが畿内一帯にも波及し、借金をかかえた農民たちが酒屋、土倉 （高利貸し）、大寺院を襲いました。

♪13 **Texte 12** ▷ Jeanne d'Arc, héroïne nationale

Jeanne d'Arc est certainement le personnage historique français le plus célèbre dans le monde. Partout, on identifie son portrait, et la jeune fille en armure, l'épée à la main, est devenue le symbole de la France. Pourtant, dans son pays, elle a une image plus ambivalente et
5 très politisée[^(1)].

Jeanne naît en 1412, en pleine Guerre de Cent Ans. Le royaume d'Angleterre et celui de France s'affrontent depuis 1337, et la situation est critique. Les armées anglaises, mieux préparées, plus disciplinées, occupent de nombreuses régions. Pire, le dauphin Charles n'est pas
10 reconnu par les princes de Bourgogne : le pays se déchire dans une guerre civile.

À 13 ans, la jeune paysanne entend des voix venues du ciel : des anges lui demandent de libérer la France et de conduire le dauphin sur le trône. Elle le rencontre quatre ans plus tard et le convainc de lui confier
15 une troupe. En mai 1429, elle fait fuir les Anglais qui assiégeaient la ville d'Orléans[^(2)].

Les soldats sont émerveillés par son courage, son enthousiasme et sa foi. Elle redonne confiance aux armées françaises qui, dès lors, remportent des batailles contre l'envahisseur anglais. Jeanne d'Arc
20 parvient même à escorter le dauphin jusqu'en Champagne, territoire

----

注
(1) **politiser**：donner un caractère, un rôle politique à (qqch., qqn.)「(もの、ひと) に政治的な性格や役割を与える」。
(2) **Orléans**：フランス中北部のロワール川沿いの町。イングランド軍により包囲されていたオルレアンの町はジャンヌ・ダルクなどの活躍により1429年5月に解放された。この勝利は劣勢だったフランス軍が盛り返す転機のひとつとなった。

sous domination ennemie : elle veut qu'il soit sacré roi de France à la cathédrale de Reims⁽³⁾.

Cependant, sa chance tourne vite. L'année suivante, Jeanne est capturée et vendue aux Anglais en tentant de libérer Paris. Charles VII ne fait rien pour la sauver. Jeanne d'Arc est jugée par un tribunal religieux qui l'accuse d'hérésie : elle est condamnée à mort, et brûlée vive le 30 mai 1431, à 19 ans, en martyre de la France.

Étonnamment, il faudra attendre le XIXᵉ siècle pour qu'on s'intéresse de nouveau à la « Pucelle d'Orléans ». C'est Napoléon qui la tire de l'oubli, au moment où il est en guerre contre l'Angleterre : la figure de Jeanne d'Arc est particulièrement utile dans ce contexte anglophobe⁽⁴⁾.

Par la suite, la nation tout entière se disputera⁽⁵⁾ son image. Certes, elle incarne pour tous la résistance face à l'invasion étrangère ; mais pour certains, c'est une femme du peuple trahie par le roi et l'Église, et pour d'autres, une sainte luttant pour sa foi et pour la monarchie française. Chacun veut utiliser Jeanne d'Arc pour servir son idéologie.

（3）**la cathédrale de Reims**：「ランス大聖堂」。フランク王国メロヴィング朝の初代国王クローヴィス1世が496年にランスの司教聖レミから洗礼を受けてローマ・カトリックに改宗して以来、フランスの歴代の国王たちはランス大聖堂で聖別された。ユネスコの世界遺産に指定されている。

（4）**anglophobe**：「イギリス嫌い」。anglo、phobe はともに合成語を作る要素で、anglo は「イギリス、英語」、phobe は「〜を恐れる、嫌う」の意。

（5）**se disputer**：〈se disputer ＋ 名詞〉で「〜を奪い合う」という意味になる。

EXERCICES

1 フランス語を並べ替えて、日本語の文に対応するようなフランス語の文を作りなさい。ただし、文頭に来るものも小文字で始めてあります。

(1) 医者はレオンにたばこをやめるよう説得した。

a / arrêter / convaincu / d' / de / fumer / le / Léon / médecin / .

_____

(2) ケーキを買ってあげようか。

achète / gâteau / je / que / t' / tu / un / veux / ?

_____

(3) 私たちはやっと合意に達しました。

à / accord / enfin / est / on / parvenus / un / .

_____

(4) 彼は君の返事がほしいと言っています。

de / demande / il / lui / répondre / te / .

_____

(5) 窃盗犯は禁錮1年の刑を宣告されました。

a / à / an / condamné / de / été / le / prison / un / voleur / .

_____

2 次のフランス語の文がテキストの内容に一致している場合は〇を、一致していない場合は×を [　] 内に記入しなさい。

(1) Avant l'intervention de Jeanne d'Arc, les armées françaises étaient sur le point de perdre la guerre. [　　　]

(2) Charles VII a tout fait pour sauver Jeanne d'Arc. [　　　]

(3) Napoléon a utilisé la figure de Jeanne d'Arc contre l'Angleterre. [　　　]

文法解説・Exercices

中性代名詞

(1) **le**：人称代名詞の le は直接目的語で男性単数名詞の代わりとなるが、中性代名詞の le は属詞や、不定詞・句・節・文などを受ける。

Marie est gentille et son frère **l'**est aussi.　マリーは親切です。彼女の弟も親切です。

Vous êtes médecin ? – Oui, je **le** suis. / Non, je ne **le** suis pas.

あなたは医者ですか。　—　はい、そうです。/ いいえ、ちがいます。

Tu veux aller en France avec moi ? – Oui, je **le** veux bien.

私といっしょにフランスに行く気ある。　—　ええ、行きましょう。

Elle ne m'aidera pas, je **le** savais.　彼女は私を助けてくれないでしょう、それはわかっていました。

(2) **y**：「場所を表す前置詞 + 名詞」や「à + 不定詞」や「à + 名詞」を受ける。

Tu es allé au théâtre ? – Oui, j'**y** suis allé.　　劇場に行ったのかい。　—　ええ、行きました。

Il comptait partir ce soir. Mais il **y** a renoncé.　彼は今晩出発するつもりでしたが、諦めました。

Quand tu vas répondre à cette lettre ? – Je vais **y** répondre demain.

この手紙にいつ返事をしますか。　—　明日します。

ただし、y で「à + 人」を受けることはできない。動詞によって対処のしかたが変わる。

Tu as répondu à Marie ? – Oui, je **lui** ai répondu.　マリーに返事したかい。　—　ええ、しました。

Tu penses à Marie ? – Oui, je pense toujours **à elle**.

マリーのことを考えているの。　—　ええ、いつも考えています。

(3) **en**：不定冠詞、部分冠詞、否定の de のついた名詞、または数や分量を表す語のついた名詞を繰り返す代わりに用いる。この en は直接目的語になる。また「de + 場所」や「de + 名詞・不定詞・節」を受けることもできる。こちらの en は直接目的語ではない。

Ils ont acheté de la viande ? – Oui, ils **en** ont acheté.

彼らは肉を買いましたか。　—　ええ、買いました。

Tu n'as pas de smartphone ? – Non, je n'**en** ai pas.

スマホを持ってないの。　—　ええ、持っていません。

Il y a combien d'étudiants dans l'amphithéâtre ? – Il y **en** a environ 200.

大教室に何人の学生がいますか。　—　ほぼ200人います。

Elles sont revenues de Paris ? – Oui, elles **en** sont revenues.

彼女たちはパリから戻ってきたのですか。　—　はい、そうです。

Vous avez besoin de ce dictionnaire ? – Non, je n'**en** ai pas besoin.

この辞書が必要ですか。　—　いいえ、必要ありません。

1 次の (1)〜(4) の (　　) の中に適切な中性代名詞を入れて文を完成させなさい。

(1) Vous êtes sûr de votre réussite ? – Non, je n'(　　) suis pas sûr du tout.

(2) Tu veux qu'ils t'aident ? – Non, je ne (　　) veux pas.

(3) Tu t'attendais à sa venue ? – Oui, je m'(　　) attendais.

(4) On a récolté du raisin pour (　　) faire du vin.

2 次の (1)〜(4) の疑問文に中性代名詞を使って肯定と否定で答えなさい。

(1) Tu vas aux États-Unis ?

(2) Elle a acheté du chocolat ?

(3) Je peux venir avec toi ?

(4) Tu sais que son père est malade ?

本編 EXERCICES（p.4）追加問題

3 次の (1)〜(4) の (　　) の中の形容詞を名詞に変化させて文を完成させなさい。また、完成した文を日本語に訳しなさい。

(1) Il y a une très grande (différent) de prix entre ces deux fromages.　→

(2) Regarde bien ta partition et chante avec (juste).　→

(3) Tout le monde est frappé par la (précoce) intellectuelle de cette fille.　→

(4) Tous les visiteurs, sans (exceptionnel), doivent montrer leur carte d'identité à l'entrée du musée.　→

4 次の (1)〜(4) の文を日本語に訳しなさい。

(1) La révolte est issue du mécontentement général.

(2) La Terre a une forme similaire à celle d'une orange.

(3) Le marché du travail au Japon diffère du marché hexagonal à bien des titres.

(4) Avec le changement climatique, la perte de biodiversité constitue la menace environnementale la plus grave à l'échelle planétaire.

1　直説法単純未来

　未来における行為や状態や推測を表す。主語が2人称の tu や vous のとき、軽い命令の意味を帯びることがある。

chanter	
je chante**rai**	nous chante**rons**
tu chante**ras**	vous chante**rez**
il chante**ra**	ils chante**ront**

finir	
je fini**rai**	nous fini**rons**
tu fini**ras**	vous fini**rez**
il fini**ra**	ils fini**ront**

・語幹

(1) 第一群規則動詞と第二群規則動詞は不定詞の最後の r を取って、活用語尾を付ける。

(2) 不規則動詞の中には不定詞と異なる語幹になるものが多い。

avoir → j'**au**rai　être → je **se**rai　aller → j'**i**rai　venir → je **viend**rai

faire → je **fe**rai　pouvoir → je **pour**rai　voir → je **ver**rai　vouloir → je **voud**rai など

Ma grand-mère *aura* quatre-vingt-dix ans demain.　祖母は明日90歳になります。

Ils *viendront* me voir ce soir.　彼らは今晩私に会いに来ます。

Tu *rentreras* avant midi.　お昼までに帰ってきてね。

2　直説法前未来

　未来のある時点までに完了している行為を表す。単純未来と同様、主語が2人称の tu や vous のとき、軽い命令の意味を帯びることがある。また、過去を推測したり、語気をやわらげたりする用法もある。

> 助動詞（**avoir** または **être**）の単純未来　＋　過去分詞

chanter	
j'aurai chanté	nous aurons chanté
tu auras chanté	vous aurez chanté
il aura chanté	ils auront chanté
elle aura chanté	elles auront chanté

venir	
je serai venu(**e**)	nous serons venu(**e**)**s**
tu seras venu(**e**)	vous serez venu(**e**)(**s**)
il sera venu	ils seront venu**s**
elle sera venu**e**	elles seront venu**es**

Appelez-moi dès que vous *serez arrivé* à la gare.　駅に着いたらすぐに電話をください。

Ce pont *aura été* construit dans deux ans.　この橋は2年後には完成しているでしょう。

Mes enfants *se seront couchés* avant onze heures.　子どもたちは11時前に寝ているでしょう。

Tu *seras partie* avant six heures du matin.　朝の6時までには出発しているんだよ。

Il n'est pas là. Il *se sera trompé* de chemin.　彼はまだ来ていない。道をまちがえたのかもしれない。

1 次の (1)〜(8) の (　　) 内の動詞を、日本語の文意にあうように、単純未来か前未来に活用させなさい。

(1) Qu'est-ce que tu (prendre) comme dessert ?　　デザートは何にする。

(2) Tout (aller) pour le mieux.　　何もかもうまく行くでしょう。

(3) Selon la météo, il (pleuvoir) ce soir.　　天気予報によると、今夜雨が降るでしょう。

(4) Vous m' (attendre) ici.　　ここで待っていてください。

(5) Tu (venir) me voir à midi.　　お昼に私に会いに来てください。

(6) Elles (arriver) à Paris demain matin.　　彼女たちは明日の朝にはパリに着いているでしょう。

(7) Prête-moi ce livre, quand tu l' (lire).　　読み終えたらその本を私に貸してください。

(8) Quand mon père (rentrer) du bureau, nous (finir) le dîner.

　　父が会社から帰ってくるころには、私たちは夕食を終えているでしょう。

本編 EXERCICES（p.8）追加問題

2 次の (1)〜(4) の (　　) 内に入れるのにもっとも適切な前置詞を下の①〜⑤の中から選び、文を完成させなさい。また、完成した文を日本語に訳しなさい。

(1) Ces scientifiques se sont longtemps battus (　　) les préjugés.

(2) Peu de bâtiments de cette ville ont survécu (　　) la guerre.

(3) Je n'ai pas assez d'argent (　　) acheter cet ordinateur.

(4) À cause de la chute brutale de la température, six personnes sont mortes
(　　) froid hier à Paris.

① à　　② contre　　③ de　　④ en　　⑤ pour

3 次の (1)〜(4) の (　　) の中の動詞を名詞に変化させて文を完成させなさい。また、完成した文を日本語に訳しなさい。

(1) Les grévistes ont obtenu (satisfaire).

→

(2) Ces hommes politiques se sont réunis pour parler du (désarmer) nucléaire.

→

(3) Il est urgent d'apporter le (soutenir) nécessaire à ces réfugiés.

→

(4) Elle a constaté une nette (améliorer) de l'état de santé de sa fille.

→

複合過去

　複合過去は過去に起こった出来事や経験を表す時に用いられる時制です。
複合過去は「助動詞（avoir または être）の直説法現在 ＋ 過去分詞」の形で表現されます。
助動詞が avoir になるか être になるかは動詞によって決まります。すべての他動詞と大部分
の自動詞は助動詞に avoir をとりますが、一部の自動詞は助動詞に être をとります（aller、
partir、entrer、monter、naître、venir、arriver、sortir、descendre、mourir、devenir、
rester、tomber、revenir など）。このとき、過去分詞は主語の性数に一致します。また、代
名動詞はすべて être を助動詞にとります。このとき、過去分詞は再帰代名詞の性数に一致し
ます。

chanter	
j'ai　chanté	nous avons chanté
tu as chanté	vous avez　chanté
il a　chanté	ils　ont　chanté
elle a chanté	elles ont　chanté

aller	
je suis　allé(**e**)	nous sommes allé(**e**)**s**
tu es　allé(**e**)	vous êtes　allé(**e**)(**s**)
il est　allé	ils　sont　allé**s**
elle est allé**e**	elle sont　allé**es**

Nous *avons fait* des courses au supermarché. 　私たちはスーパーで買い物をしました。
Ils *ont fini* leurs devoirs avant le dîner. 　彼らは夕食前に宿題を終えました。
Je n'*ai* pas *vu* Jean hier. 　私は昨日ジャンの姿を見ていません。
Le Shinkansen *est arrivé* à l'heure à Kyoto. 　新幹線は時間通りに京都に着きました。
Elles *sont parties* ensemble. 　彼女たちはいっしょに出かけました。

se coucher		
je me suis couché(**e**)	nous nous sommes couché(**e**)**s**	
tu t'es　couché(**e**)	vous vous êtes　couché(**e**)(**s**)	
il s'est　couché	ils　se　sont　couché**s**	
elle s'est　couché**e**	elles se　sont　couché**es**	

Nous *nous sommes promenés* au bord de la mer. 　私たちは海辺を散歩した。
Ils *se sont souvenus* de cet accident. 　彼らはその事故を思い出した。
Elle *s'est lavée* sous la douche. 　彼女はシャワーをあびた。
Vous *vous êtes* souvent *téléphoné* ? 　君たちはしばしば電話をしあったのですか。
Elle *s'est lavé* les mains. 　彼女は手を洗った。
Anne, tu ne *t'es* pas *levée* à six heures ce matin ? 　アンヌ、今朝、6時に起きなかったの。

1 次の (1)〜(6) の (　　) の中の動詞を直説法複合過去に活用させなさい。

　(1) Je (devenir) papa ! Ma fille (naître) ce matin.　→

　(2) Adam et Rose (se marier) en 2020.　→

　(3) Mon père (quitter) sa ville natale pour faire ses études à Osaka.　→

　(4) Qu'est-ce qui (arriver) à Sarah ? Elle a l'air triste.　→

　(5) Elle (se casser) le bras droit parce qu'elle (tomber) en courant.　→

　(6) Tu sais qui (découvrir) le continent américain ?　→

本編 EXERCICES (p.12) 追加問題

2 次の (1)〜(4) の (　　) の中に適切な前置詞を入れて文を完成させなさい。また、完成した文を日本語に訳しなさい。

　(1) Ce que vous avez dit n'a aucun rapport (　　) le sujet d'aujourd'hui.

　(2) Ma grand-mère, âgée de cent ans, jouit (　　) une bonne santé.

　(3) Tout le personnel soignant a lutté (　　) cette maladie.

　(4) Qu'est-ce que vous entendez (　　) là ?

3 次の (1)〜(4) の (　　) の中の形容詞を名詞に変化させて文を完成させなさい。また完成した文を日本語に訳しなさい。

　(1) Ce garçon parle avec (modeste) de lui-même.　→

　(2) Elle a fait preuve de beaucoup de (tolérant) à l'égard de ses camarades.　→

　(3) L'Inde était une (colonial) britannique.　→

　(4) J'éprouve beaucoup de (reconnaissant) envers cet avocat qui m'a sauvé.　→

4 次のフランス語は、ジョセフィン・ベイカーがパンテオンに迎えられた2021年11月30日にマクロン大統領が行った演説の最後の部分です。日本語に訳しなさい。

« Vous entrez dans notre Panthéon parce que vous aimez la France (…) Née américaine, au fond, il n'y a pas plus française que vous (…) Adaptant les paroles de votre plus grand succès, vous clamiez « Mon pays c'est Paris »[1]. Chacun de nous ce soir, murmure ce refrain, sonnant comme un hymne à l'amour. Ma France, c'est Joséphine ! »

(1) ジョセフィン・ベイカーは歌手活動の最後の頃、ヒット曲 « J'ai deux amours »（1930年）の中の〈Mon pays et Paris〉の部分を〈Mon pays c'est Paris〉と変えて歌っていた。

1　条件法現在

aimer			venir	
j'aime**rais**	nous aime**rions**		je viend**rais**	nous viend**rions**
tu aime**rais**	vous aime**riez**		tu viend**rais**	vous viend**riez**
il aime**rait**	ils aime**raient**		il viend**rait**	ils viend**raient**

・条件節で現在あるいは未来における実現可能性の低い仮定を直説法半過去で述べ、主節でそれに基づく現在あるいは未来の帰結を条件法現在で述べる。

S'il faisait beau, nous *irions* à la mer.　　　　　天気がよければ、私たちは海に行くのだけど。

Si j'avais de l'argent, j'*achèterais* un piano.　　　お金があれば、ピアノを買うんだけどなあ。

・条件節なしで、現実あるいは未来の実現可能性の低い帰結を述べることができる。

À ta place, je *dirais* la vérité.　　　　　　　　私だったら、ほんとうのことを言います。

・条件節なしで、語調を和らげたり、断定を避けた言い方をしたりすることができる。

J'*aimerais* bien partir tout de suite.　　　　　　できたらすぐにでも出かけたいのですが。

2　条件法過去

aimer			venir	
j'aurais aimé	nous aurions aimé		je serais venu(**e**)	nous serions venu(**e**)**s**
tu aurais aimé	vous auriez aimé		tu serais venu(**e**)	vous seriez venu(**e**)(**s**)
il aurait aimé	ils auraient aimé		il serait venu	ils seraient venu**s**
elle aurait aimé	elles auraient aimé		elle serait venu**e**	elles seraient venu**es**

・条件節で過去の事実に反する仮定を直説法大過去で述べ、主節で実現しなかった過去の帰結を条件法過去で述べる。

S'il avait fait beau hier, nous *serions allés* à la mer.

　　　　　　　　　　　　　　　　　昨日天気がよかったら、私たちは海に行ったんだけど。

Si elle était partie à sept heures, elle n'*aurait* pas *manqué* le train.

　　　　　　　　　　　　　　7時に出発していたら、彼女は汽車に乗り遅れなかったのに。

・条件節なしで、過去の事実に反する仮定の帰結を述べることができる。

Sans vous, on n'*aurait* pas *pu* réussir.　　あなたがいなかったなら、私たちは成功できなかったでしょう。

・条件節なしで、後悔や非難の気持ちを表現することができる。

Tu *aurais dû* venir plus tôt.　　　　　　　　　　君はもっと早く来るべきだった。

・内容が未来に関することで、実現可能性が高い帰結の表現では条件法は使わない。

S'il ne fait pas froid, je sortirai ce soir.　　　　　寒くなければ、今晩出かける予定です。

1 （　　　）内の動詞を半過去に、［　　　］内の動詞を条件法現在に活用させて、文を完成させなさい。

(1) Si je (parler) mieux français, je [partir] tout de suite pour Paris.　→

(2) S'il ne (pleuvoir) pas, on [faire] du foot.　→

(3) Si tu (accepter) sa proposition, tout [s'arranger].　→

(4) Je [vouloir] voir monsieur Thomas.　→

2 （　　　）内の動詞を大過去に、［　　　］内の動詞を条件法過去に活用させて、文を完成させなさい。

(1) Si cette maison (être) plus près de la gare, je l'[acheter].　→

(2) S'il (faire) plus doux, elles [se promener] dans le jardin.　→

(3) Si tu (être) plus gentil avec eux, ils [venir] te voir volontiers.　→

(4) Nous [devoir] faire plus d'efforts.　→

本編 EXERCICES（p.16）追加問題

3 次の (1)〜(4) の（　　　）内に入れるのにもっとも適切な前置詞を下の①〜⑤の中から選び、文を完成させなさい。ただし、文頭に来るものも小文字で始めてあります。また、完成した文を日本語に訳しなさい。

(1) Il ne faut pas juger les gens（　　　）l'apparence.

(2) Cette association milite（　　　）les inégalités entre les sexes.

(3) Le métavers et la conduite autonome, par exemple, ce sont des technologies（　　　）pointe.

(4) （　　　）vrai dire, je n'en sais rien.

　　① à　　　② contre　　　③ de　　　④ en　　　⑤ sur

4 次の (1)〜(4) の各組の **A** と **B** がほぼ同じ意味になるように、（　　　）内に入れるのにもっとも適切な動詞を①〜⑤の中から選び、適切な形に変形させなさい。

(1) **A** Ce vélo appartient à qui ?
　　B Ce vélo（　　　）à qui ?

(2) **A** Elle est mariée avec un médecin parisien.
　　B Elle（　　　）un médecin parisien.

(3) **A** Il a été naturalisé français.
　　B Il（　　　）la nationalité française.

(4) **A** Nous tirerons parti de ces circonstances favorables.
　　B Nous（　　　）au mieux ces circonstances favorables.

　　① épouser　　　② être　　　③ faire　　　④ prendre　　　⑤ utiliser

接続法では、語り手の期待、不安、失望、称賛、驚き、疑惑、不確実などの感情が表現される。なお、接続法は原則として、接続詞 que の後の従属節の中で用いられる。

1　接続法現在の活用

parler	
que je parle	que nous parlions
que tu parles	que vous parliez
qu'il parle	qu'ils parlent

partir	
que je parte	que nous partions
que tu partes	que vous partiez
qu'il parte	qu'ils partent

2　接続法過去の活用

parler	
que j'aie parlé	que nous ayons parlé
que tu aies parlé	que vous ayez parlé
qu'il ait parlé	qu'ils aient parlé
qu'elle ait parlé	qu'elles aient parlé

partir	
que je sois parti(e)	que nous soyons parti(e)s
que tu sois parti(e)	que vous soyez parti(e)(s)
qu'il soit parti	qu'ils soient partis
qu'elle soit partie	qu'elles soient parties

用法

(1) 名詞節

Il faut que je *parte* tout de suite.　　　　　　すぐに行かなければなりません。

Il vaut mieux que vous vous *reposiez.*　　　　あなたは休息していたほうがいいですよ。

Nous sommes heureux qu'elle *soit venue* à notre concert.

　　　　　　　　　　　　　　　　　私たちのコンサートに彼女が来てくれてうれしいです。

(2) 形容詞節（関係節）

Il n'y a personne qui me *comprenne.*　　　だれも私のことをわかってくれません。

C'est le meilleur roman que j'*aie lu.*　　　それは私がこれまで読んだ中で最高の小説です。

(3) 副詞節：目的、危惧、原因、結果、譲歩、条件などを表す接続詞句の後で用いられる。

Rentrons avant qu'il ne* *fasse* nuit.　　　　　　　暗くならないうちに帰ろう。

＊この ne は「虚辞の ne」と呼ばれ、潜在的な否定の観念を表す。省略されることも多い。

Attends-moi ici jusqu'à ce que je *revienne.*　　　戻ってくるまで、ここで待っていて。

(4) 独立節：命令や願望を表現する。que に先立たれるときと、先立たれないときがある。

Qu'il *entre* !　　　　　　　　　　　　　　中に入るよう彼に伝えてください。

Vive la liberté !　　　　　　　　　　　　自由万歳！

1 次の（1）〜（4）の文の（　　　）内の動詞を接続法現在に、（5）〜（8）の文の（　　　）内の動詞を接続法過去に活用させて、文を完成させなさい。また、完成した文を日本語に訳しなさい。

(1) C'est dommage qu'il (faire) nuageux.
　　→

(2) Il faut absolument que tu (savoir) la vérité.
　　→

(3) Je cherche un collier qui (aller) avec cette robe.
　　→

(4) Parlez plus fort afin que je vous (entendre) bien.
　　→

(5) Je regrette qu'il (partir).
　　→

(6) Elle est très contente que ses amies (venir) la voir.
　　→

(7) C'est le meilleur livre qu'il (écrire) jusqu'à présent.
　　→

(8) Je crains qu'elle ne (se tromper) de chemin.
　　→

本編 EXERCICES（p.20）追加問題

2 次の（1）〜（4）の（　　　）内に入れるのにもっとも適切な前置詞を下の①〜⑤の中から選び、文を完成させなさい。また、完成した文を日本語に訳しなさい。

(1) Les habitants se sont opposés à ce projet (　　　) le début.

(2) Désolé, je ne dispose que (　　　) quelques minutes pour vous recevoir.

(3) Cet événement s'est passé (　　　) Louis XIV.

(4) Il s'attache beaucoup (　　　) sa ville natale.
　　① à　　　② avec　　　③ de　　　④ dès　　　⑤ sous

3 次の（1）〜（4）の（　　　）内に入れるのにもっとも適切な語を下の①〜⑤の中から選び、文を完成させなさい。また、完成した文を日本語に訳しなさい。

(1) Les voitures circulent sur la (　　　).

(2) La suite des générations à venir, c'est la (　　　).

(3) Un (　　　) est un objet creux qui sert à contenir des liquides, des solides ou des gaz.

(4) L' (　　　) permet de se protéger des infections et d'améliorer sa santé.
　　① chaussée　　② hygiène　　③ immeuble　　④ postérité　　⑤ récipient

非人称構文
　形式上の主語 il を主語とし、動詞はつねに3人称単数形になる。

(1) 天候、気候、明暗を表す表現
　　・動詞に pleuvoir, neiger, tonner などを使う場合。
　　　Il pleut un peu.　　すこし雨が降っている。
　　　Il a neigé hier à Tokyo.　　昨日東京で雪が降った。
　　・「il + faire + 形容詞（あるいは名詞）」の形を使う場合。
　　　Il fait beau.　天気が良い。　　　Il fait mauvais.　天気が悪い。　　　Il fait chaud.　暑い。
　　　Il fait jour.　夜が明ける。　　　Il fait nuit.　　　日が暮れた。

(2) 時刻を表す表現：動詞は être を使う。
　　　Quelle heure est-il ?　何時ですか。
　　　Il est cinq heures dix-sept.　　　　　5時17分です。
　　　Il est huit heures moins dix.　　　　8時10分前です。
　　　Il est huit heures moins le quart.　　8時15分前です。
　　　Il est huit heures et quart.　　　　8時15分です。
　　　Il est huit heures et demie.　　　　8時半です。
　　　Il est midi.　正午です。　　　　Il est minuit.　　夜中の0時です。

(3) その他の非人称表現
　　・「il y a + 名詞」：「〜がいる、ある」
　　　Il y a deux chats sur le toit.　　　屋根の上にネコが二匹いる。
　　　Il y a du vin dans la bouteille.　　ビンの中にワインがある。

　　・「il faut + 名詞（あるいは不定詞あるいは que + 接続法）」：「〜が必要だ」、「〜すべきである」
　　　Il a fallu une voiture pour y aller.　　そこに行くには車が必要だった。
　　　Il faut partir tout de suite.　　　　すぐに出発しなければならない。
　　　Il faut que je m'en aille.　　　　　行かないと。

　　・「il est + 形容詞 + de + 不定詞」：「〜するのは…だ」
　　　Il est intéressant d'apprendre une nouvelle langue.　　新しい言語を勉強するのはおもしろい。

　　・「il + 特定の自動詞（rester, manquer, arriver, venir など）+ 名詞（意味上の主語）」
　　　Il reste encore du jambon dans le frigo.　冷蔵庫にまだハムが残っています。
　　　Il ne manque personne.　　　　　　　全員そろっています。

1 次の (1)〜(4) の日本語の文の内容に合致するように、(　　　) 内に適当なフランス語を入れなさい。

(1) バスケットの中にはもう何もありません。

Il n'y a (　　　) (　　　) dans le panier.

(2) 何があろうと、彼女はひとりで自分の仕事をしあげるだろう。

Quoi qu' (　　　) (　　　), elle finira son travail toute seule.

(3) 君は彼女に本当のことを話さなければなりません。

Il (　　　) que tu lui (　　　) la vérité.

(4) 彼が成功するかどうか疑わしい。

Il n'est pas (　　　) qu'il (　　　).

2 次の (1)〜(4) のフランス語を日本語に訳しなさい。

(1) Il est dommage que vous ne veniez pas.　→

(2) Il est probable que cet écrivain obtiendra le prix Renaudot.　→

(3) Il nous manque encore 200 euros.　→

(4) Il me paraît impossible de le convaincre d'arrêter de boire.　→

本編 EXERCICES (p.24) 追加問題

3 次の (1)〜(4) の (　　　) の中の動詞を名詞に変化させて文を完成させなさい。また、完成した文を日本語に訳しなさい。

(1) Mes grands-parents mènent une (exister) tranquille au bord de la mer.　→

(2) Il est contrarié par la (perdre) de son smartphone.　→

(3) Ces pays émergents ont habilement réalisé la (conquérir) des marchés internationaux.　→

(4) Notre équipe a subi une (défaire) écrasante.　→

4 イタリックの部分に留意しつつ、次の (1)〜(8) のフランス語を日本語に訳しなさい。

(1) Paul, c'est un cas *à part.*　→

(2) Je ne connais personne *à part* Marion.　→

(3) Il n'y a rien de *hors du commun* dans leur proposition.　→

(4) Ce projet de loi a été voté *d'un commun accord.*　→

(5) *Une fois* parties, elles ne reviendront jamais.　→

(6) Je te le dis *une fois pour toutes.*　→

(7) Je ne suis pas encore fixé *quant à* mon départ.　→

(8) *Quant à* changer son avis, il est inutile d'y penser.　→

1　指示代名詞：celui、celle、ceux、celles「これ(ら)、それ(ら)、あれ(ら)」

単独では用いられない。性数による変化がある。

	単数	複数
男性	celui	ceux
女性	celle	celles

・次に前置詞が来る場合（前置詞はほぼ de に限られる）

Ma voiture est plus grande que **celle** de Jean.　私の車はジャンの車より大きい。

・次に関係節が来る場合

Ceux qui ont assisté à ce concert étaient tous contents.

そのコンサートに行った人たちはみな満足していた。

Cet ordinateur est plus cher que **celui** dont je me sers chez moi.

このコンピューターは私が自宅で使っているものより高価だ。

・次に -ci、-là をつけ、それぞれ、「こちら」と「あちら」、「後者」と「前者」を表現する。

J'ai deux gâteaux. Tu préfères **celui-ci** ou **celui-là** ?

ケーキが2つあるけれど、君はこちらとあちらとどっちが好き。

2　強調構文 C'est (Ce sont) ... qui...　C'est (Ce sont) ... que...

主語を強調する場合には、C'est (Ce sont) ... qui ... 、それ以外の要素を強調する場合に C'est (Ce sont) ... que... を使う。

C'est Georges **qui** est arrivé le premier.　　最初に到着したのはジョルジュです。

C'est cette jupe **que** j'ai achet**é**e hier.　　昨日私が買ったのはこのスカートです。

（過去分詞 acheté は先行詞の性数に一致しなければならない。）

C'est à sa petite amie **que** Léon pense toujours.　レオンがいつも考えているのは恋人のことです。

・Ce sont ... は強調される主語や直接目的語が複数のときに使われるが、口語表現では、そのような場合でも C'est ... の形がそのまま使われることが多い。

・強調される主語が人称代名詞のときには、強勢形に直さなければならない。

Il a acheté une voiture hier.　→　C'est **lui** qui a acheté une voiture hier.

昨日車を買ったのは彼です。

1 (1)～(4) の ( ) 内に指示代名詞 celui、celle、ceux、celles のいずれかを入れて文を完成させなさい。また、完成した文を日本語に訳しなさい。

(1) Les mœurs d'aujourd'hui sont tout à fait différentes de ( ) d'autrefois.

(2) Je recommande ce dictionnaire à tous ( ) qui apprennent le français.

(3) Regardez cette photo, ( ) que vous voyez à ma gauche est mon fils.

(4) De ces deux robes, tu préfères ( )-ci ou ( )-là ?

2 次の (1)～(4) の文の下線部を強調する強調構文を作りなさい。

(1) Je suis monté à la tour Eiffel avec mes copains. →

(2) Martine a offert une montre suisse à son mari. →

(3) Je compte le plus sur vous. →

(4) Ils vont mettre au point des vaccins contre cette maladie. →

本編 EXERCICES (p.28) 追加問題

3 次の (1)～(4) の語 (句) の反対の意味になるように ( ) 内に適切な語を入れなさい。

(1) aîné → ( ) (2) paternel → ( )

(3) masculin → ( ) (4) inimitié → ( )

4 次の (1)～(4) の ( ) 内に入れるのにもっとも適切な前置詞を下の①～⑤の中から選び、文を完成させなさい。ただし、文頭に来るものも小文字で始めてあります。また、完成した文を日本語に訳しなさい。

(1) ( ) son enfance, Léo vivait dans un petit village du Midi.

(2) Ils ont hésité ( ) deux choix.

(3) Nous ne sommes pas encore prêts ( ) partir.

(4) C'est ( ) votre décision que tout dépend.

① à ② dans ③ de ④ entre ⑤ par

1　比較級

(1) 形容詞の比較級

形容詞が主格補語の場合、形容詞は主語の性数に一致する。

Paul est plus **gentil** que Jean.　　　　　　　　　　ポールはジャンより親切だ。

Alice est aussi **intelligente** que Marie.　　　　　　アリスはマリーと同じくらい頭がいい。

Mes chaussures sont moins **jolies** que celles de Sophie.　私の靴はソフィーの靴よりかわいくない。

(2) 副詞の比較級

副詞はもともと無変化なので、性数による変化はいっさいない。

Ils courent plus **vite** que Jean.　　　　　　　　　　彼らはジャンより走るのが早い。

Elles chantent aussi **bien** que nous.　　　　　　　彼女たちは私たちと同じくらい歌がうまい。

Élodie parle japonais moins **couramment** que Jade.

エロディーはジャッドより日本語を流暢に話せない。

(3) 数量（beaucoup）の比較級

Tu as **plus de** livres que moi.　　　　　　　　　　君はぼくよりたくさんの本を持っている。

Elle mange **autant de** fromage que son mari.　彼女は夫と同じくらいチーズを食べる。

Ils boivent **moins de** vin que Denis.　　　　　　彼らはドニよりワインを飲まない。

2　最上級

　形容詞、副詞の最上級表現は優等比較級と劣等比較級に定冠詞を付けて作る。また、「～のうちで」（比較の範囲）はふつう前置詞 de で導かれる。

(1) 形容詞の最上級

形容詞が主格補語の場合、形容詞も定冠詞も主語の性数に一致する。

Ils sont **les plus grands** de la classe.　　　　　　彼らはクラスで一番背が高い。

Cette voiture est **la moins chère** de notre magasin.　この車は当店で一番安い車です。

形容詞が付加形容詞の場合、形容詞は形容される名詞の性数に一致する。

Il connaît les musiciens **les plus célèbres** du monde.

彼は世界で一番有名な音楽家たちと知りあいだ。

C'est **la meilleure** comédienne de France.　　　　　彼女はフランスで最高の俳優だ。

(2) 副詞の最上級

副詞は無変化。定冠詞はつねに le 。

C'est elle qui parle **le plus doucement** de mes amies.

私の友だちの中で一番話すのがゆったりとしているのは彼女です。

C'est eux qui chantent **le mieux** de notre chœur.　私たちの合唱団で一番歌がうまいのは彼らです。

☞ p.62「2 強調構文」

(3) 数量（beaucoup）の最上級：**le plus** あるいは **le moins** を使う。

Quelle fleur aimez-vous **le plus** ?　　一番好きな花は何ですか。

1 例にならい、比較級を使った文を作りなさい。

例：Anne est petite.（Anne ＞ sa sœur）　→ Anne est plus petite que sa sœur.

Sophie chante bien.（Sophie＝Paul）→ Sophie chante aussi bien que Paul.

(1) Elle est studieuse.（＞ moi）　→

(2) La bière belge est bonne.（＝la bière japonaise）　→

(3) Ces gants en cuir coûtent cher.（＞ mon sac à main）　→

(4) Tu visites souvent ce musée.（＜ Jeanne）　→

2 例にならい、最上級を使った文を作りなさい。

例：Paul est grand.（＜ la classe）　→　Paul est le moins grand de la classe.

(1) Ce garçon est sérieux.（＜ l'équipe）　→

(2) C'est François que j'aime.（＞ mes camarades）　→

(3) Elles sont aimables.（＞ l'école）　→

(4) Michel et Serge dansent bien.（＞ le groupe）　→

本編 EXERCICES（p.32）追加問題

3 次の（1）〜（4）の（　　）内に入れるのにもっとも適切な前置詞を下の①〜⑤の中から選び、文を完成させなさい。また、完成した文を日本語に訳しなさい。

(1) Annie est très douée（　　）les mathématiques.

(2) Cet artiste était fidèle（　　）lui-même jusqu'au bout.

(3) On voit le Mont Blanc（　　）cette fenêtre.

(4) Il a résolu ce problème（　　）cinq minutes.

①à　　　②depuis　　　③en　　　④pour　　　⑤sur

4 次の（1）〜（4）の（　　）内に入れるのにもっとも適切な語を下の①〜⑤の中から選び、文を完成させなさい。また、完成した文を日本語に訳しなさい。

(1) Le président a prononcé un discours en（　　）aux victimes de la guerre.

(2) Aucune（　　）n'est possible par ici, car la terre est très pauvre.

(3) Depuis un mois, mon mari suit un（　　）pour maigrir.

(4) Quelle est l'（　　）de ce conflit ?

①culture　　　②héros　　　③hommage　　　④origine　　　⑤régime

Texte 9 文法解説　受動態・不定代名詞・不定形容詞

1　受動態

> 主語＋être＋他動詞の過去分詞＋par（あるいは de）＋動作主

・過去分詞は主語の性数に一致しなければならない。
　　Marion **est invitée** à dîner par Léo.　　　　　　　　　　マリオンはレオに夕食に招かれている。
・受動態の時制は être の時制で表される。
　　Un homme de 50 ans **a été arrêté** par la police.　　　　50歳の男が警察に逮捕された。
・動作主を導く前置詞 de は、感情や継続的な状態を示すときに使われる。
　　Cet acteur **est aimé** de tous.　　　　　　　　　　　　その役者はみなから愛されている。
　　Notre ville **est entourée** de collines.　　　　　　　　　私たちの町は丘で囲まれている。
・動作主が on の場合、動作主を省略する。また、状況から動作主が推察される場合もまた動作主は省略される。
　　On fabrique ces chaussures en Espagne.
　　→ Ces chaussures **sont fabriquées** en Espagne.　　　　これらの靴はスペインで作られている。
・英語とちがい、間接目的語を主語とする受動態の文を作ることはできない。
　　Pierre offre cette bague à Marie.　　　　　　　　　　　ピエールはマリーにこの指輪を贈る。
　　→× Marie est offerte cette bague par Pierre.
・代名動詞の受動的用法を使って、受身を表現することができる。
　　Cette expression ne **s'emploie** plus.　　　　　　　　　その表現はもう使われていません。
　　Les smartphones **se sont** bien **vendus**.　　　　　　　スマホはよく売れた。

2　不定代名詞・不定形容詞

　aucun, certain, chaque, nul, quelque などは不定形容詞、aucun, autre, autrui, certains, personne, quelqu'un, quelque chose, rien, tout などは不定代名詞と一括して呼ばれているが、ともに抽象的で明確なイメージを喚起しない形容詞や名詞のことである。これらは単数と複数の有無、男性形と女性形の有無などの点で、それぞれに大きな違いがあるので注意を要する。

Personne ne s'est aperçu de sa présence.　　だれも彼（女）に気づかなかった。
Il ne sait **rien**.　　　　　　　　　　　　　彼は何も知りません。
J'ai **quelque chose** à faire cet après-midi.　私は今日の午後することがあります。
Tous sont venus nous voir.　　　　　　　　全員が私たちに会いに来ました。

Aucun homme n'est parfait.　　　　　　　　どんな人間も完全ではありません。
Je n'ai reçu **aucune** lettre de lui.　　　　　私は彼から一通も手紙を受け取っていません。
Je vais au musée **chaque** samedi.　　　　　私は毎週土曜日美術館に行きます。
Ella a acheté **quelques** livres hier.　　　　　彼女は昨日何冊かの本を買った。

1 次の (1)〜(4) の文を受動態に直しなさい。

(1) Il fait beaucoup de gâteaux tous les jours.

→

(2) La reine a donné la médaille d'or à ce scientifique.

→

(3) Cette nouvelle surprendra Jeanne et Marie.

→

(4) Tout le monde admirait ce vieux pianiste.

→

2 与えられた日本語の意味になるように、（　　　）の中に適切な不定形容詞か不定代名詞を入れなさい。

(1) そんなことはどうでもいいです。Cela n'a（　　　）importance.

(2) どんな人間でも誤りを犯します。（　　　）être humain fait des erreurs.

(3) お昼に何か食べましたか？　－いいえ、何も食べていません。

Vous avez mangé（　　　）au déjeuner ? – Non, je n'ai（　　　）mangé.

(4) コンサートでだれかと会った？　－いいえ、だれとも会ってない。

Tu as vu（　　　）au concert ? – Non, je n'ai vu（　　　）.

本編 EXERCICES（p.36）追加問題

3 次の (1)〜(6) の形容詞に対応する名詞を書きなさい。

(1) banal（　　　）　(2) grossier（　　　）　(3) préféré（　　　）

(4) riche（　　　）　(5) intime（　　　）　(6) grand（　　　）

4 次の (1)〜(4) の（　　　）内に入れるのにもっとも適切な語を下の①〜⑤の中から選び、文を完成させなさい。また、完成した文を日本語に訳しなさい。

(1) Lunel, c'est une petite ville de（　　　）, très charmante.

(2) Il est au-dessus de tout（　　　）.

(3) Ce vieillard a eu son heure de（　　　）.

(4) Elle est de（　　　）de Paris ?

① gloire　　② province　　③ retour　　④ soupçon　　⑤ trace

1 現在分詞

◇ 現在分詞の作り方：直説法現在1人称複数形の語幹に -ant をつける。

chanter	→	chant**ant**	finir	→	finiss**ant**
sortir	→	sort**ant**	prendre	→	pren**ant**

　　　例外：avoir → ayant、être → étant、savoir → sachant

　現在分詞は必ずしも「現在」を表現するわけではなく、主節の動詞と同時であることを表現している。また、現在分詞には性数による変化はない。

◇ 用法

(1) 直前の名詞・代名詞を修飾する形容詞的用法

Tu connais la dame *dansant* avec Léo ?　　レオと踊っている女性がだれだか知ってる？

J'ai vu Anna *descendant* du train.　　私はアンナが電車から降りてくるのを見ました。

(2) 副詞的用法：現在分詞の主語は、原則として、主節の動詞と同じでなければならない。おもに書きことばで用いられ、「同時性」「原因・理由」「条件」「譲歩・対立」などを表す。

Étant très fatigué, je suis resté chez moi.　　とても疲れていたので、私はずっと家にいました。

Ayant bu un thé, elle est sortie tout de suite.　　お茶を飲んですぐに彼女は出かけていきました。

◇ 絶対分詞構文：分詞が主節の動詞とは別の主語を持つ構文を絶対分詞構文という。主として「原因・理由」を表す。

Le courage me *manquant*, je me taisais.　　勇気がなかったので、私はだまっていた。

2 ジェロンディフ

　「en＋現在分詞」の形をとる。主節の動詞を副詞的に修飾し、「同時性」「原因・理由」「条件」「手段」「譲歩・対立」などを表す。ジェロンディフの主語はつねに主節の主語と同一である。書きことばだけでなく、話しことばでも使われる。ジェロンディフの前に tout が置かれると、「譲歩・対立」「同時性」の意味が強調される。

Ne mange pas *en lisant* le journal.　　新聞を読みながら食事をしないで。

En travaillant durement, elle a réussi.　　一生懸命勉強したので、彼女は成功した。

Tout *en sachant* la vérité, elle ne m'a rien dit.　　真実を知っているのに、彼女は私に何も言わなかった。

　現在分詞とジェロンディフはともに「同時性」「条件」「譲歩・対立」などを表現することができ、意味的に重なる部分も多い。次の3つの文は、いずれも、「子どもたちは歌いながら散歩する」という意味になる。

Les enfants se promènent, *chantant*.

Les enfants se promènent *en chantant*.

En chantant, les enfants se promènent.

1 次の (1)〜(4) の (　　　) 内の動詞を現在分詞にして文を完成させなさい。また、完成した文を日本語に訳しなさい。

(1) À la Gare du Nord, j'ai rencontré Audrey (porter) ses skis.

→

(2) Il a avoué ses erreurs, (pleurer).

→

(3) (Avoir) mal à la tête, ma mère est restée au lit.

→

(4) Julie, (savoir) bien jouer au tennis, m'a facilement battue.

→

2 次の (1)〜(4) の (　　　) 内の動詞をジェロンディフにして文を完成させなさい。また、完成した文を日本語に訳しなさい。

(1) (Prendre) l'avion de dix heures, vous arriverez à Tokyo avant midi.

→

(2) Elle s'est cassé la jambe (tomber) dans l'escalier.

→

(3) J'aime écouter de la musique (faire) du jogging.

→

(4) Tout (être) fatiguée, elle est venue nous voir.

→

3 次の (1)〜(4) のジェロンディフがふくまれたフランスのことわざを日本語に訳しなさい。

(1) L'appétit vient en mangeant.　→

(2) La fortune vient en dormant.　→

(3) C'est en forgeant qu'on devient forgeron.　→

(4) En souhaitant, nul n'enrichit.　→

本編 EXERCICES (p.40) 追加問題

4 次の (1)〜(6) の形容詞に対応する名詞を書きなさい。

(1) blanc (　　　　　)　　(2) célèbre (　　　　　)

(3) fou (　　　　　)　　(4) obsédé (　　　　　)

(5) similaire (　　　　　)　　(6) vrai (　　　　　)

関係代名詞

　関係代名詞とは、人や物について説明をくわえる関係節（形容詞節）を導く代名詞のことです。関係代名詞の前に来る名詞を先行詞といいます。

(1) **qui**：先行詞は人でも物でもよい。先行詞は関係節の主語となるので、先行詞の次には、原則、動詞が来ることになる。

Tu connais le garçon **qui** chante là-bas ?　　君はあそこで歌を歌っている少年を知っていますか。

Les voilà **qui** arrivent.　　　　　　　　　　ほら、彼らがやって来た。

(2) **que**：先行詞は人でも物でもよい。先行詞は関係節の動詞の直接目的語となっている。

Voilà le lycéen **que** nous avons vu à la gare.　　あそこに私たちが駅で見かけた高校生がいます。

La robe **que** j'ai acheté**e** hier me plaît beaucoup.　昨日買ったドレスがとても気に入っています。

（関係節の動詞の直接目的語が過去分詞の前に来る場合、過去分詞は直接目的語の性数に一致する。）

(3) **où**：先行詞は場所または時など。

Nous avons visité le village **où** notre père est né.　私たちは父が生まれた村を訪ねた。

Tu te souviens du jour **où** on s'est connus ?　　私たちが知り合った日のことを覚えている？

(4) **dont**：先行詞は人でも物でもよい。先行詞が関係節の中で「de + 名詞」という構文になる場合に使う。

Elle a un fils **dont** elle est très fière.　　　　彼女には自慢の息子がいます。

Il parle plusieurs langues, **dont** le japonais.　彼は日本語も含めていくつかの言語を話します。

（「部分を示す de + 名詞」の形から発展して、この dont は「その中には～が含まれる」を表す。）

(5) **ce qui、ce que、ce dont、ce à quoi** など：ce が関係代名詞の先行詞として使われている場合。

Je vais te raconter **ce qui** s'est passé hier.　　昨日起こったことを話してあげよう。

Il n'est pas venu au rendez-vous, **ce qui** est dommage.

　　　　　　　　彼は約束の場所に来ませんでした、残念です（ここで ce は前文の同格になっている）。

Il a acheté tout **ce qu'**il voulait.　　　　　　彼は欲しかったものをすべて買った。

Essayez de comprendre **ce dont** il s'agit.　　何が問題か努力して理解してください。

Dites-moi franchement **ce à quoi** vous pensez.　考えていることを正直に話してください。

1 次の (1)～(12) の (　　　) 内に適切な関係代名詞を入れて文を完成させなさい。また、完成した文の意味を書きなさい。

(1) Je vais visiter le musée (　　　) a été construit par un architecte célèbre.

(2) Voilà les jeunes filles (　　　) nous avons croisées devant le théâtre.

(3) Tu n'as pas encore vu ce film (　　　) on parle beaucoup en ce moment ?

(4) Tu te souviens du restaurant à Marseille (　　　) on a mangé de la bouillabaisse ?

(5) C'est ce (　　　) il y a de plus beau dans sa collection.

(6) Elle a deux frères (　　　) un est médecin.

(7) Voilà le grand magasin (　　　) je travaillais quand j'étais jeune.

(8) Ce (　　　) n'est pas clair n'est pas français. (Rivarol)

(9) Le train (　　　) je vais prendre est en retard de vingt minutes.

(10) La cravate (　　　) est dans la vitrine me plaît beaucoup.

(11) Voilà le dictionnaire (　　　) j'avais besoin.

(12) Elle n'a rien dit (　　　) soit faux.

本編 EXERCICES (p.44) 追加問題

2 次の (1)～(4) の (　　　) 内に入れるのにもっとも適切な前置詞を下の①～⑤の中から選び、文を完成させなさい。また、完成した文を日本語に訳しなさい。

(1) Je vais m'occuper (　　　) la réservation des places. Ne t'inquiète pas.

(2) Tu sais (　　　) qui appartient cette clé ?

(3) Elle a passé une heure à regarder des bateaux se diriger (　　　) le port.

(4) Nous allons transformer cette petite pièce (　　　) bureau.

　　① à　　② de　　③ en　　④ pour　　⑤ vers

3 次の (1)～(4) の (　　　) 内に入れるのにもっとも適切な語を下の①～⑤の中から選び、文を完成させなさい。また、完成した文を日本語に訳しなさい。

(1) Ce candidat a obtenu la (　　　) absolue des suffrages exprimés.

(2) Elle est fière d'avoir reçu une bonne (　　　) en Angleterre.

(3) L'avenir rendra (　　　) à cet homme politique.

(4) J'ai beaucoup de (　　　) pour les sinistrés.

　　① arrestation　　② compassion　　③ éducation　　④ justice　　⑤ majorité

目的語人称代名詞

人称代名詞			
主語	目的語		強勢形
	直接目的語	間接目的語	
je (j')	me（m'）	me（m'）	moi
tu	te（t'）	te（t'）	toi
il	le（l'）	lui	lui
elle	la（l'）	lui	elle
nous	nous	nous	nous
vous	vous	vous	vous
ils	les	leur	eux
elles	les	leur	elles

(1) 目的語となる人称代名詞の位置：直接目的語のときも間接目的語のときも必ず動詞の直前に置かれる（複合過去などの複合時制のときは、助動詞の前に置かれる）。

Je vois souvent Cécile.　　　　　→　　Je **la** vois souvent.
私はしばしばセシルに会います。

Vous avez déjà répondu à Jean ?　→　Vous **lui** avez déjà répondu ?
もうジャンに返事をしましたか。

(2) 準動詞（pouvoir、vouloir、devoir、aller、venir 等）+ 不定詞の形になっている場合、目的語人称代名詞は不定詞の前に置かれる。

Tu ne veux pas conduire cette voiture ?　→　Tu ne veux pas **la** conduire ?
その車を運転してみたくはないかい。

Je suis allée chercher mes enfants à l'école.　→　Je suis allée **les** chercher à l'école.
私は子どもたちを学校に迎えに行った。

(3) 動詞が複合時制のとき、直接目的語の人称代名詞が過去分詞よりも前に置かれた場合、過去分詞を人称代名詞の性数に一致させなければならない。

J'ai acheté ces vêtements hier.　　　→　　Je **les** ai acheté**s** hier.
私は昨日これらの服を買いました。

(4) 肯定命令文では、動詞の後ろに目的語の人称代名詞を置く。ただし、me と te は、直接目的語・間接目的語の別なく、強勢形の moi、toi にする。否定命令文では、動詞の前に目的語の人称代名詞を置く。

Donnez ce livre à Anne.　→　Donnez-**le** à Anne. / Donnez-**lui** ce livre. / Donnez-**le-lui**.
アンヌにその本をあげてください。

Prête-**moi** ton vélo.　→　Prête-**le-moi**.
君のバイクを貸して。

Ne dites pas ces choses à Paul.　→　Ne **les** dites pas à Paul. /
　　　　　　　　　　　　　　　　　　　Ne **lui** dites pas ces choses. / Ne **les lui** dites pas.
それらのことはポールに言わないでください。

1 下線部を適切な人称代名詞に直し、文全体を書き換えなさい。

(1) Elle cherche <u>la clé de sa voiture</u>. →

(2) Il offrira cette écharpe <u>à sa mère</u>. →

(3) Tu as montré <u>cette photo</u> à Marie ? →

(4) Nous allons voir <u>ce film</u> ce soir. →

(5) Marion vient de téléphoner <u>à son ami</u>. →

(6) Je ne peux pas finir <u>mes devoirs</u> tout seul. →

(7) Je vais te présenter <u>mes enfants</u>. →

(8) Racontez-moi <u>votre voyage au Japon</u>. →

2 例にならい、下線部を適切な人称代名詞に直しつつ、応答文を完成させなさい。

例：Tu as vu <u>Marie</u> hier ? – Oui, je (l'ai vue) hier.

(1) Tu as écrit à <u>ta mère</u> ? – Oui, je (　　　　) hier.

(2) Où est-ce que vous avez acheté <u>ces livres</u> ? – Je (　　　　) à la Fnac.

(3) Elle n'a pas invité <u>ses amies</u> ? – Mais si, elle (　　　　).

(4) Ces chaussures n'ont pas plu à <u>Agathe</u> ? – Non, elles (　　　　).

本編 EXERCICES（p.48）追加問題

3 次の (1)～(6)の動詞を名詞に直しなさい。

(1) attendre (　　　) 　　(2) brûler (　　　)

(3) confier (　　　) 　　(4) convaincre (　　　)

(5) déchirer (　　　) 　　(6) sauver (　　　)

4 次の (1)～(4) の (　　　) 内に入れるのにもっとも適切な前置詞を下の①～⑤の中から選び、文を完成させなさい。ただし、文頭に来るものも小文字で始めてあります。また、完成した文を日本語に訳しなさい。

(1) Ces jeunes sont accusés (　　　) vol.

(2) Notre équipe a remporté une victoire frappante (　　　) l'équipe lyonnaise.

(3) On devra faire face (　　　) une situation difficile.

(4) (　　　) la IIIᵉ République, les grandes affaires se sont succédées.

　　① à 　　② contre 　　③ de 　　④ pour 　　⑤ sous

1 -er 動詞（第1群規則動詞）

フランス語の動詞の約9割を占めるのが、-er 動詞とも呼ばれる第1群規則動詞である。
主語に応じて語尾 -er の部分を表のように変化させる。

chanter 歌う			
je	chante	nous	chantons
tu	chantes	vous	chantez
il	chante	ils	chantent
elle	chante	elles	chantent

aimer 愛する			
j'	aime	nous	aimons
tu	aimes	vous	aimez
il	aime	ils	aiment
elle	aime	elles	aiment

2 -ir 動詞（第2群規則動詞）

-er 動詞ほど数は多くないが、規則的な活用をする動詞で、第2群規則動詞とも呼ばれる。
主語に応じて語尾 -ir の部分を表のように変化させる。

choisir 選ぶ			
je	choisis	nous	choisissons
tu	choisis	vous	choisissez
il	choisit	ils	choisissent
elle	choisit	elles	choisissent

finir 終わる、終える			
je	finis	nous	finissons
tu	finis	vous	finissez
il	finit	ils	finissent
elle	finit	elles	finissent

3 avoir と être

avoir は「持つ、備える」といった意味を表し、「提示の表現」il y a でも使われる。
être は「提示の表現」c'est, ce sont でも使われる。
複合時制では、ともに助動詞の役割を果たす。

avoir			
j'	ai	nous	avons
tu	as	vous	avez
il	a	ils	ont
elle	a	elles	ont

être 〜がいる、〜である			
je	suis	nous	sommes
tu	es	vous	êtes
il	est	ils	sont
elle	est	elles	sont

4 代名動詞の活用

代名動詞は主語と動詞の間に目的語代名詞が入る。複合時制では必ず être が助動詞になる。

se coucher 寝る			
je me couche		nous nous	couchons
tu te couches		vous vous	couchez
il se couche		ils se	couchent
elle se couche		elles se	couchent

se lever 起きる			
je me lève		nous nous	levons
tu te lèves		vous vous	levez
il se lève		ils se	lèvent
elle se lève		elles se	lèvent

☞ そのほかの動詞や時制は p.75〜の動詞変化表を参照のこと

動 詞 変 化 表

I.	aimer	III.	être aimé(e)(s)
II.	arriver	IV.	se lever

1.	avoir	17.	venir	33.	rire
2.	être	18.	offrir	34.	croire
3.	parler	19.	descendre	35.	craindre
4.	placer	20.	mettre	36.	prendre
5.	manger	21.	battre	37.	boire
6.	acheter	22.	suivre	38.	voir
7.	appeler	23.	vivre	39.	asseoir
8.	préférer	24.	écrire	40.	recevoir
9.	employer	25.	connaître	41.	devoir
10.	envoyer	26.	naître	42.	pouvoir
11.	aller	27.	conduire	43.	vouloir
12.	finir	28.	suffire	44.	savoir
13.	sortir	29.	lire	45.	valoir
14.	courir	30.	plaire	46.	falloir
15.	fuir	31.	dire	47.	pleuvoir
16.	mourir	32.	faire		

不定形・分詞形	直　　説　　法		

I. aimer

aimant
aimé
ayant aimé
（助動詞　avoir）

	現　　在	半　過　去	単　純　過　去
	j' aime	j' aimais	j' aimai
	tu aimes	tu aimais	tu aimas
	il aime	il aimait	il aima
	nous aimons	nous aimions	nous aimâmes
	vous aimez	vous aimiez	vous aimâtes
	ils aiment	ils aimaient	ils aimèrent

命　令　法	複　合　過　去	大　過　去	前　過　去
	j' ai aimé	j' avais aimé	j' eus aimé
aime	tu as aimé	tu avais aimé	tu eus aimé
	il a aimé	il avait aimé	il eut aimé
aimons	nous avons aimé	nous avions aimé	nous eûmes aimé
aimez	vous avez aimé	vous aviez aimé	vous eûtes aimé
	ils ont aimé	ils avaient aimé	ils eurent aimé

II. arriver

arrivant
arrivé
étant arrivé(e)(s)
（助動詞　être）

	複　合　過　去	大　過　去	前　過　去
	je suis arrivé(e)	j' étais arrivé(e)	je fus arrivé(e)
	tu es arrivé(e)	tu étais arrivé(e)	tu fus arrivé(e)
	il est arrivé	il était arrivé	il fut arrivé
	elle est arrivée	elle était arrivée	elle fut arrivée
	nous sommes arrivé(e)s	nous étions arrivé(e)s	nous fûmes arrivé(e)s
	vous êtes arrivé(e)(s)	vous étiez arrivé(e)(s)	vous fûtes arrivé(e)(s)
	ils sont arrivés	ils étaient arrivés	ils furent arrivés
	elles sont arrivées	elles étaient arrivées	elles furent arrivées

III. être aimé(e)(s)

受動態

étant aimé(e)(s)
ayant été aimé(e)(s)

	現　　在	半　過　去	単　純　過　去
	je suis aimé(e)	j' étais aimé(e)	je fus aimé(e)
	tu es aimé(e)	tu étais aimé(e)	tu fus aimé(e)
	il est aimé	il était aimé	il fut aimé
	elle est aimée	elle était aimée	elle fut aimé e
	n. sommes aimé(e)s	n. étions aimé(e)s	n. fûmes aimé(e)s
	v. êtes aimé(e)(s)	v. étiez aimé(e)(s)	v. fûtes aimé(e)(s)
	ils sont aimés	ils étaient aimés	ils furent aimés
	elles sont aimées	elles étaient aimées	elles furent aimées

命　令　法	複　合　過　去	大　過　去	前　過　去
	j' ai été aimé(e)	j' avais été aimé(e)	j' eus été aimé(e)
sois aimé(e)	tu as été aimé(e)	tu avais été aimé(e)	tu eus été aimé(e)
	il a été aimé	il avait été aimé	il eut été aimé
soyons aimé(e)s	elle a été aimée	elle avait été aimée	elle eut été aimée
soyez aimé(e)(s)	n. avons été aimé(e)s	n. avions été aimé(e)s	n. eûmes été aimé(e)s
	v. avez été aimé(e)(s)	v. aviez été aimé(e)(s)	v. eûtes été aimé(e)(s)
	ils ont été aimés	ils avaient été aimés	ils eurent été aimés
	elles ont été aimées	elles avaient été aimées	elles eurent été aimées

IV. se lever

代名動詞
se levant
s'étant levé(e)(s)

	現　　在	半　過　去	単　純　過　去
	je me lève	je me levais	je me levai
	tu te lèves	tu te levais	tu te levas
	il se lève	il se levait	il se leva
	n. n. levons	n. n. levions	n. n. levâmes
	v. v. levez	v. v. leviez	v. v. levâtes
	ils se lèvent	ils se levaient	ils se levèrent

命　令　法	複　合　過　去	大　過　去	前　過　去
	je me suis levé(e)	j' m' étais levé(e)	je me fus levé(e)
lève-toi	tu t' es levé(e)	tu t' étais levé(e)	tu te fus levé(e)
	il s' est levé	il s' était levé	il se fut levé
levons-nous	elle s' est levée	elle s' était levée	elle se fut levée
levez-vous	n. n. sommes levé(e)s	n. n. étions levé(e)s	n. n. fûmes levé(e)s
	v. v. êtes levé(e)(s)	v. v. étiez levé(e)(s)	v. v. fûtes levé(e)(s)
	ils se sont levés	ils s' étaient levés	ils se furent levés
	elles se sont levées	elles s' étaient levées	elles se furent levées

直　説　法	条　件　法	接　続　法	

単　純　未　来 / 現　在 / 現　在 / 半　過　去

直説法 単純未来	条件法 現在	接続法 現在	接続法 半過去
j' aimerai	j' aimerais	j' aime	j' aimasse
tu aimeras	tu aimerais	tu aimes	tu aimasses
il aimera	il aimerait	il aime	il aimât
nous aimerons	nous aimerions	nous aimions	nous aimassions
vous aimerez	vous aimeriez	vous aimiez	vous aimassiez
ils aimeront	ils aimeraient	ils aiment	ils aimassent

前　未　来 / 過　去 / 過　去 / 大　過　去

前未来	過去	過去	大過去
j' aurai aimé	j' aurais aimé	j' aie aimé	j' eusse aimé
tu auras aimé	tu aurais aimé	tu aies aimé	tu eusses aimé
il aura aimé	il aurait aimé	il ait aimé	il eût aimé
nous aurons aimé	nous aurions aimé	nous ayons aimé	nous eussions aimé
vous aurez aimé	vous auriez aimé	vous ayez aimé	vous eussiez aimé
ils auront aimé	ils auraient aimé	ils aient aimé	ils eussent aimé

前　未　来 / 過　去 / 過　去 / 大　過　去

前未来	過去	過去	大過去
je serai arrivé(e)	je serais arrivé(e)	je sois arrivé(e)	je fusse arrivé(e)
tu seras arrivé(e)	tu serais arrivé(e)	tu sois arrivé(e)	tu fusses arrivé(e)
il sera arrivé	il serait arrivé	il soit arrivé	il fût arrivé
elle sera arrivée	elle serait arrivée	elle soit arrivée	elle fût arrivée
nous serons arrivé(e)s	nous serions arrivé(e)s	nous soyons arrivé(e)s	nous fussions arrivé(e)s
vous serez arrivé(e)(s)	vous seriez arrivé(e)(s)	vous soyez arrivé(e)(s)	vous fussiez arrivé(e)(s)
ils seront arrivés	ils seraient arrivés	ils soient arrivés	ils fussent arrivés
elles seront arrivées	elles seraient arrivées	elles soient arrivées	elles fussent arrivées

単　純　未　来 / 現　在 / 現　在 / 半　過　去

単純未来	現在	現在	半過去
je serai aimé(e)	je serais aimé(e)	je sois aimé(e)	je fusse aimé(e)
tu seras aimé(e)	tu serais aimé(e)	tu sois aimé(e)	tu fusses aimé(e)
il sera aimé	il serait aimé	il soit aimé	il fût aimé
elle sera aimée	elle serait aimée	elle soit aimée	elle fût aimée
n. serons aimé(e)s	n. serions aimé(e)s	n. soyons aimé(e)s	n. fussions aimé(e)s
v. serez aimé(e)(s)	v. seriez aimé(e)(s)	v. soyez aimé(e)(s)	v. fussiez aimé(e)(s)
ils seront aimés	ils seraient aimés	ils soient aimés	ils fussent aimés
elles seront aimées	elles seraient aimées	elles soient aimées	elles fussent aimées

前　未　来 / 過　去 / 過　去 / 大　過　去

前未来	過去	過去	大過去
j' aurai été aimé(e)	j' aurais été aimé(e)	j' aie été aimé(e)	j' eusse été aimé(e)
tu auras été aimé(e)	tu aurais été aimé(e)	tu aies été aimé(e)	tu eusses été aimé(e)
il aura été aimé	il aurait été aimé	il ait été aimé	il eût été aimé
elle aura été aimée	elle aurait été aimée	elle ait été aimée	elle eût été aimée
n. aurons été aimé(e)s	n. aurions été aimé(e)s	n. ayons été aimé(e)s	n. eussions été aimé(e)s
v. aurez été aimé(e)(s)	v. auriez été aimé(e)(s)	v. ayez été aimé(e)(s)	v. eussiez été aimé(e)(s)
ils auront été aimés	ils auraient été aimés	ils aient été aimés	ils eussent été aimés
elles auront été aimées	elles auraient été aimées	elles aient été aimées	elles eussent été aimées

単　純　未　来 / 現　在 / 現　在 / 半　過　去

単純未来	現在	現在	半過去
je me lèverai	je me lèverais	je me lève	je me levasse
tu te lèveras	tu te lèverais	tu te lèves	tu te levasses
il se lèvera	il se lèverait	il se lève	il se levât
n. n. lèverons	n. n. lèverions	n. n. levions	n. n. levassions
v. v. lèverez	v. v. lèveriez	v. v. leviez	v. v. levassiez
ils se lèveront	ils se lèveraient	ils se lèvent	ils se levassent

前　未　来 / 過　去 / 過　去 / 大　過　去

前未来	過去	過去	大過去
je me serai levé(e)	je me serais levé(e)	je me sois levé(e)	je me fusse levé(e)
tu te seras levé(e)	tu te serais levé(e)	tu te sois levé(e)	tu te fusses levé(e)
il se sera levé	il se serait levé	il se soit levé	il se fût levé
elle se sera levée	elle se serait levée	elle se soit levée	elle se fût levée
n. n. serons levé(e)s	n. n. serions levé(e)s	n. n. soyons levé(e)s	n. n. fussions levé(e)s
v. v. serez levé(e)(s)	v. v. seriez levé(e)(s)	v. v. soyez levé(e)(s)	v. v. fussiez levé(e)(s)
ils se seront levés	ils se seraient levés	ils se soient levés	ils se fussent levés
elles se seront levées	elles se seraient levées	elles se soient levées	elles se fussent levées

77

不 定 形 分 詞 形	直　　　説　　　法			
	現　　在	半 過 去	単 純 過 去	単 純 未 来
1. avoir もつ ayant eu [y]	j' ai tu as il a n. avons v. avez ils ont	j' avais tu avais il avait n. avions v. aviez ils avaient	j' eus [y] tu eus il eut n. eûmes v. eûtes ils eurent	j' aurai tu auras il aura n. aurons v. aurez ils auront
2. être 在る étant été	je suis tu es il est n. sommes v. êtes ils sont	j' étais tu étais il était n. étions v. étiez ils étaient	je fus tu fus il fut n. fûmes v. fûtes ils furent	je serai tu seras il sera n. serons v. serez ils seront
3. parler 話す parlant parlé	je parle tu parles il parle n. parlons v. parlez ils parlent	je parlais tu parlais il parlait n. parlions v. parliez ils parlaient	je parlai tu parlas il parla n. parlâmes v. parlâtes ils parlèrent	je parlerai tu parleras il parlera n. parlerons v. parlerez ils parleront
4. placer 置く plaçant placé	je place tu places il place n. plaçons v. placez ils placent	je plaçais tu plaçais il plaçait n. placions v. placiez ils plaçaient	je plaçai tu plaças il plaça n. plaçâmes v. plaçâtes ils placèrent	je placerai tu placeras il placera n. placerons v. placerez ils placeront
5. manger 食べる mangeant mangé	je mange tu manges il mange n. mangeons v. mangez ils mangent	je mangeais tu mangeais il mangeait n. mangions v. mangiez ils mangeaient	je mangeai tu mangeas il mangea n. mangeâmes v. mangeâtes ils mangèrent	je mangerai tu mangeras il mangera n. mangerons v. mangerez ils mangeront
6. acheter 買う achetant acheté	j' achète tu achètes il achète n. achetons v. achetez ils achètent	j' achetais tu achetais il achetait n. achetions v. achetiez ils achetaient	j' achetai tu achetas il acheta n. achetâmes v. achetâtes ils achetèrent	j' achèterai tu achèteras il achètera n. achèterons v. achèterez ils achèteront
7. appeler 呼ぶ appelant appelé	j' appelle tu appelles il appelle n. appelons v. appelez ils appellent	j' appelais tu appelais il appelait n. appelions v. appeliez ils appelaient	j' appelai tu appelas il appela n. appelâmes v. appelâtes ils appelèrent	j' appellerai tu appelleras il appellera n. appellerons v. appellerez ils appelleront
8. préférer より好む préférant préféré	je préfère tu préfères il préfère n. préférons v. préférez ils préfèrent	je préférais tu préférais il préférait n. préférions v. préfériez ils préféraient	je préférai tu préféras il préféra n. préférâmes v. préférâtes ils préférèrent	je préférerai tu préféreras il préférera n. préférerons v. préférerez ils préféreront

条 件 法	接 続 法		命 令 法	同型活用の動詞 (注意)
現　在	現　在	半 過 去	現　在	
j'　aurais tu　aurais il　aurait n.　aurions v.　auriez ils　auraient	j'　aie tu　aies il　ait n.　ayons v.　ayez ils　aient	j'　eusse tu　eusses il　eût n.　eussions v.　eussiez ils　eussent	aie ayons ayez	
je　serais tu　serais il　serait n.　serions v.　seriez ils　seraient	je　sois tu　sois il　soit n.　soyons v.　soyez ils　soient	je　fusse tu　fusses il　fût n.　fussions v.　fussiez ils　fussent	sois soyons soyez	
je　parlerais tu　parlerais il　parlerait n.　parlerions v.　parleriez ils　parleraient	je　parle tu　parles il　parle n.　parlions v.　parliez ils　parlent	je　parlasse tu　parlasses il　parlât n.　parlassions v.　parlassiez ils　parlassent	parle parlons parlez	第1群規則動詞 (4型〜10型をのぞく)
je　placerais tu　placerais il　placerait n.　placerions v.　placeriez ils　placeraient	je　place tu　places il　place n.　placions v.　placiez ils　placent	je　plaçasse tu　plaçasses il　plaçât n.　plaçassions v.　plaçassiez ils　plaçassent	place plaçons placez	—cer の動詞 annoncer, avancer, commencer, effacer, renoncer など. (a, o の前で c → ç)
je　mangerais tu　mangerais il　mangerait n.　mangerions v.　mangeriez ils　mangeraient	je　mange tu　manges il　mange n.　mangions v.　mangiez ils　mangent	je　mangeasse tu　mangeasses il　mangeât n.　mangeassions v.　mangeassiez ils　mangeassent	mange mangeons mangez	—ger の動詞 arranger, changer, charger, engager, nager, obliger など. (a, o の前で g → ge)
j'　achèterais tu　achèterais il　achèterait n.　achèterions v.　achèteriez ils　achèteraient	j'　achète tu　achètes il　achète n.　achetions v.　achetiez ils　achètent	j'　achetasse tu　achetasses il　achetât n.　achetassions v.　achetassiez ils　achetassent	achète achetons achetez	—e + 子音 + er の動詞 achever, lever, mener など. (7型をのぞく. e muet を 含む音節の前で e → è)
j'　appellerais tu　appellerais il　appellerait n.　appellerions v.　appelleriez ils　appelleraient	j'　appelle tu　appelles il　appelle n.　appelions v.　appeliez ils　appellent	j'　appelasse tu　appelasses il　appelât n.　appelassions v.　appelassiez ils　appelassent	appelle appelons appelez	—eter, —eler の動詞 jeter, rappeler など. (6型のものもある. e muet の前で t, l を重ね る)
je　préférerais tu　préférerais il　préférerait n.　préférerions v.　préféreriez ils　préféreraient	je　préfère tu　préfères il　préfère n.　préférions v.　préfériez ils　préfèrent	je　préférasse tu　préférasses il　préférât n.　préférassions v.　préférassiez ils　préférassent	préfère préférons préférez	—é + 子音 + er の動詞 céder, espérer, opérer, répéter など. (e muet を含む語末音節 の前で é → è)

不 定 形 / 分 詞 形	直 説 法			
	現 在	半 過 去	単 純 過 去	単 純 未 来
9. employer 使う employant employé	j' emploie tu emploies il emploie n. employons v. employez ils emploient	j' employais tu employais il employait n. employions v. employiez ils employaient	j' employai tu employas il employa n. employâmes v. employâtes ils employèrent	j' emploierai tu emploieras il emploiera n. emploierons v. emploierez ils emploieront
10. envoyer 送る envoyant envoyé	j' envoie tu envoies il envoie n. envoyons v. envoyez ils envoient	j' envoyais tu envoyais il envoyait n. envoyions v. envoyiez ils envoyaient	j' envoyai tu envoyas il envoya n. envoyâmes v. envoyâtes ils envoyèrent	j' enverrai tu enverras il enverra n. enverrons v. enverrez ils enverront
11. aller 行く allant allé	je vais tu vas il va n. allons v. allez ils vont	j' allais tu allais il allait n. allions v. alliez ils allaient	j' allai tu allas il alla n. allâmes v. allâtes ils allèrent	j' irai tu iras il ira n. irons v. irez ils iront
12. finir 終える finissant fini	je finis tu finis il finit n. finissons v. finissez ils finissent	je finissais tu finissais il finissait n. finissions v. finissiez ils finissaient	je finis tu finis il finit n. finîmes v. finîtes ils finirent	je finirai tu finiras il finira n. finirons v. finirez ils finiront
13. sortir 出かける sortant sorti	je sors tu sors il sort n. sortons v. sortez ils sortent	je sortais tu sortais il sortait n. sortions v. sortiez ils sortaient	je sortis tu sortis il sortit n. sortîmes v. sortîtes ils sortirent	je sortirai tu sortiras il sortira n. sortirons v. sortirez ils sortiront
14. courir 走る courant couru	je cours tu cours il court n. courons v. courez ils courent	je courais tu courais il courait n. courions v. couriez ils couraient	je courus tu courus il courut n. courûmes v. courûtes ils coururent	je courrai tu courras il courra n. courrons v. courrez ils courront
15. fuir 逃げる fuyant fui	je fuis tu fuis il fuit n. fuyons v. fuyez ils fuient	je fuyais tu fuyais il fuyait n. fuyions v. fuyiez ils fuyaient	je fuis tu fuis il fuit n. fuîmes v. fuîtes ils fuirent	je fuirai tu fuiras il fuira n. fuirons v. fuirez ils fuiront
16. mourir 死ぬ mourant mort	je meurs tu meurs il meurt n. mourons v. mourez ils meurent	je mourais tu mourais il mourait n. mourions v. mouriez ils mouraient	je mourus tu mourus il mourut n. mourûmes v. mourûtes ils moururent	je mourrai tu mourras il mourra n. mourrons v. mourrez ils mourront

条　件　法	接　続　法		命　令　法	同型活用の動詞（注意）
現　在	現　在	半　過　去	現　在	
j'　emploierais tu　emploierais il　emploierait n.　emploierions v.　emploieriez ils　emploieraient	j'　emploie tu　emploies il　emploie n.　employions v.　employiez ils　emploient	j'　employasse tu　employasses il　employât n.　employassions v.　employassiez ils　employassent	emploie employons employez	—oyer, —uyer, —ayer の動詞 （e muet の前で y → i. —ayer は 3 型でもよい. また envoyer → 10 型）
j'　enverrais tu　enverrais il　enverrait n.　enverrions v.　enverriez ils　enverraient	j'　envoie tu　envoies il　envoie n.　envoyions v.　envoyiez ils　envoient	j'　envoyasse tu　envoyasses il　envoyât n.　envoyassions v.　envoyassiez ils　envoyassent	envoie envoyons envoyez	renvoyer （未来，条・現のみ 9 型と 異なる）
j'　irais tu　irais il　irait n.　irions v.　iriez ils　iraient	j'　aille tu　ailles il　aille n.　allions v.　alliez ils　aillent	j'　allasse tu　allasses il　allât n.　allassions v.　allassiez ils　allassent	va allons allez	
je　finirais tu　finirais il　finirait n.　finirions v.　finiriez ils　finiraient	je　finisse tu　finisses il　finisse n.　finissions v.　finissiez ils　finissent	je　finisse tu　finisses il　finît n.　finissions v.　finissiez ils　finissent	finis finissons finissez	第 2 群規則動詞
je　sortirais tu　sortirais il　sortirait n.　sortirions v.　sortiriez ils　sortiraient	je　sorte tu　sortes il　sorte n.　sortions v.　sortiez ils　sortent	je　sortisse tu　sortisses il　sortît n.　sortissions v.　sortissiez ils　sortissent	sors sortons sortez	partir, dormir, endormir, se repentir, sentir, servir
je　courrais tu　courrais il　courrait n.　courrions v.　courriez ils　courraient	je　coure tu　coures il　coure n.　courions v.　couriez ils　courent	je　courusse tu　courusses il　courût n.　courussions v.　courussiez ils　courussent	cours courons courez	accourir, parcourir, secourir
je　fuirais tu　fuirais il　fuirait n.　fuirions v.　fuiriez ils　fuiraient	je　fuie tu　fuies il　fuie n.　fuyions v.　fuyiez ils　fuient	je　fuisse tu　fuisses il　fuît n.　fuissions v.　fuissiez ils　fuissent	fuis fuyons fuyez	s'enfuir
je　mourrais tu　mourrais il　mourrait n.　mourrions v.　mourriez ils　mourraient	je　meure tu　meures il　meure n.　mourions v.　mouriez ils　meurent	je　mourusse tu　mourusses il　mourût n.　mourussions v.　mourussiez ils　mourussent	meurs mourons mourez	

不 定 形 分 詞 形	直 説 法			
	現 在	半 過 去	単 純 過 去	単 純 未 来
17. venir 来る venant venu	je viens tu viens il vient n. venons v. venez ils viennent	je venais tu venais il venait n. venions v. veniez ils venaient	je vins tu vins il vint n. vînmes v. vîntes ils vinrent	je viendrai tu viendras il viendra n. viendrons v. viendrez ils viendront
18. offrir 贈る offrant offert	j' offre tu offres il offre n. offrons v. offrez ils offrent	j' offrais tu offrais il offrait n. offrions v. offriez ils offraient	j' offris tu offris il offrit n. offrîmes v. offrîtes ils offrirent	j' offrirai tu offriras il offrira n. offrirons v. offrirez ils offriront
19. descendre 降りる descendant descendu	je descends tu descends il descend n. descendons v. descendez ils descendent	je descendais tu descendais il descendait n. descendions v. descendiez ils descendaient	je descendis tu descendis il descendit n. descendîmes v. descendîtes ils descendirent	je descendrai tu descendras il descendra n. descendrons v. descendrez ils descendront
20. mettre 置く mettant mis	je mets tu mets il met n. mettons v. mettez ils mettent	je mettais tu mettais il mettait n. mettions v. mettiez ils mettaient	je mis tu mis il mit n. mîmes v. mîtes ils mirent	je mettrai tu mettras il mettra n. mettrons v. mettrez ils mettront
21. battre 打つ battant battu	je bats tu bats il bat n. battons v. battez ils battent	je battais tu battais il battait n. battions v. battiez ils battaient	je battis tu battis il battit n. battîmes v. battîtes ils battirent	je battrai tu battras il battra n. battrons v. battrez ils battront
22. suivre ついて行く suivant suivi	je suis tu suis il suit n. suivons v. suivez ils suivent	je suivais tu suivais il suivait n. suivions v. suiviez ils suivaient	je suivis tu suivis il suivit n. suivîmes v. suivîtes ils suivirent	je suivrai tu suivras il suivra n. suivrons v. suivrez ils suivront
23. vivre 生きる vivant vécu	je vis tu vis il vit n. vivons v. vivez ils vivent	je vivais tu vivais il vivait n. vivions v. viviez ils vivaient	je vécus tu vécus il vécut n. vécûmes v. vécûtes ils vécurent	je vivrai tu vivras il vivra n. vivrons v. vivrez ils vivront
24. écrire 書く écrivant écrit	j' écris tu écris il écrit n. écrivons v. écrivez ils écrivent	j' écrivais tu écrivais il écrivait n. écrivions v. écriviez ils écrivaient	j' écrivis tu écrivis il écrivit n. écrivîmes v. écrivîtes ils écrivirent	j' écrirai tu écriras il écrira n. écrirons v. écrirez ils écriront

条　件　法	接　　続　　法		命　令　法	同型活用の動詞
現　　在	現　　在	半　過　去	現　　在	（注意）
je viendrais tu viendrais il viendrait n. viendrions v. viendriez ils viendraient	je vienne tu viennes il vienne n. venions v. veniez ils viennent	je vinsse tu vinsses il vînt n. vinssions v. vinssiez ils vinssent	viens venons venez	convenir, devenir, provenir, revenir, se souvenir ; tenir, appartenir, maintenir, obtenir, retenir, soutenir
j' offrirais tu offrirais il offrirait n. offririons v. offririez ils offriraient	j' offre tu offres il offre n. offrions v. offriez ils offrent	j' offrisse tu offrisses il offrît n. offrissions v. offrissiez ils offrissent	offre offrons offrez	couvrir, découvrir, ouvrir, souffrir
je descendrais tu descendrais il descendrait n. descendrions v. descendriez ils descendraient	je descende tu descendes il descende n. descendions v. descendiez ils descendent	je descendisse tu descendisses il descendît n. descendissions v. descendissiez ils descendissent	descends descendons descendez	attendre, défendre, rendre, entendre, perdre, prétendre, répondre, tendre, vendre
je mettrais tu mettrais il mettrait n. mettrions v. mettriez ils mettraient	je mette tu mettes il mette n. mettions v. mettiez ils mettent	je misse tu misses il mît n. missions v. missiez ils missent	mets mettons mettez	admettre, commettre, permettre, promettre, remettre, soumettre
je battrais tu battrais il battrait n. battrions v. battriez ils battraient	je batte tu battes il batte n. battions v. battiez ils battent	je battisse tu battisses il battît n. battissions v. battissiez ils battissent	bats battons battez	abattre, combattre
je suivrais tu suivrais il suivrait n. suivrions v. suivriez ils suivraient	je suive tu suives il suive n. suivions v. suiviez ils suivent	je suivisse tu suivisses il suivît n. suivissions v. suivissiez ils suivissent	suis suivons suivez	poursuivre
je vivrais tu vivrais il vivrait n. vivrions v. vivriez ils vivraient	je vive tu vives il vive n. vivions v. viviez ils vivent	je vécusse tu vécusses il vécût n. vécussions v. vécussiez ils vécussent	vis vivons vivez	
j' écrirais tu écrirais il écrirait n. écririons v. écririez ils écriraient	j' écrive tu écrives il écrive n. écrivions v. écriviez ils écrivent	j' écrivisse tu écrivisses il écrivît n. écrivissions v. écrivissiez ils écrivissent	écris écrivons écrivez	décrire, inscrire

不定形 分詞形	直　　　説　　　法			
	現　　在	半　過　去	単純過去	単純未来
25. connaître 知っている connaissant connu	je connais tu connais il connaît n. connaissons v. connaissez ils connaissent	je connaissais tu connaissais il connaissait n. connaissions v. connaissiez ils connaissaient	je connus tu connus il connut n. connûmes v. connûtes ils connurent	je connaîtrai tu connaîtras il connaîtra n. connaîtrons v. connaîtrez ils connaîtront
26. naître 生まれる naissant né	je nais tu nais il naît n. naissons v. naissez ils naissent	je naissais tu naissais il naissait n. naissions v. naissiez ils naissaient	je naquis tu naquis il naquit n. naquîmes v. naquîtes ils naquirent	je naîtrai tu naîtras il naîtra n. naîtrons v. naîtrez ils naîtront
27. conduire みちびく conduisant conduit	je conduis tu conduis il conduit n. conduisons v. conduisez ils conduisent	je conduisais tu conduisais il conduisait n. conduisions v. conduisiez ils conduisaient	je conduisis tu conduisis il conduisit n. conduisîmes v. conduisîtes ils conduisirent	je conduirai tu conduiras il conduira n. conduirons v. conduirez ils conduiront
28. suffire 足りる suffisant suffi	je suffis tu suffis il suffit n. suffisons v. suffisez ils suffisent	je suffisais tu suffisais il suffisait n. suffisions v. suffisiez ils suffisaient	je suffis tu suffis il suffit n. suffîmes v. suffîtes ils suffirent	je suffirai tu suffiras il suffira n. suffirons v. suffirez ils suffiront
29. lire 読む lisant lu	je lis tu lis il lit n. lisons v. lisez ils lisent	je lisais tu lisais il lisait n. lisions v. lisiez ils lisaient	je lus tu lus il lut n. lûmes v. lûtes ils lurent	je lirai tu liras il lira n. lirons v. lirez ils liront
30. plaire 気に入る plaisant plu	je plais tu plais il plaît n. plaisons v. plaisez ils plaisent	je plaisais tu plaisais il plaisait n. plaisions v. plaisiez ils plaisaient	je plus tu plus il plut n. plûmes v. plûtes ils plurent	je plairai tu plairas il plaira n. plairons v. plairez ils plairont
31. dire 言う disant dit	je dis tu dis il dit n. disons v. dites ils disent	je disais tu disais il disait n. disions v. disiez ils disaient	je dis tu dis il dit n. dîmes v. dîtes ils dirent	je dirai tu diras il dira n. dirons v. direz ils diront
32. faire する faisant [fəzɑ̃] fait	je fais tu fais il fait n. faisons [fəzɔ̃] v. faites ils font	je faisais [fəzɛ] tu faisais il faisait n. faisions v. faisiez ils faisaient	je fis tu fis il fit n. fîmes v. fîtes ils firent	je ferai tu feras il fera n. ferons v. ferez ils feront

条 件 法	接 続 法		命 令 法	同型活用の動詞
現 在	現 在	半 過 去	現 在	（注意）
je connaîtrais tu connaîtrais il connaîtrait n. connaîtrions v. connaîtriez ils connaîtraient	je connaisse tu connaisses il connaisse n. connaissions v. connaissiez ils connaissent	je connusse tu connusses il connût n. connussions v. connussiez ils connussent	connais connaissons connaissez	reconnaître ; paraître, apparaître, disparaître （t の前で i → î）
je naîtrais tu naîtrais il naîtrait n. naîtrions v. naîtriez ils naîtraient	je naisse tu naisses il naisse n. naissions v. naissiez ils naissent	je naquisse tu naquisses il naquît n. naquissions v. naquissiez ils naquissent	nais naissons naissez	renaître （t の前で i → î）
je conduirais tu conduirais il conduirait n. conduirions v. conduiriez ils conduiraient	je conduise tu conduises il conduise n. conduisions v. conduisiez ils conduisent	je conduisisse tu conduisisses il conduisît n. conduisissions v. conduisissiez ils conduisissent	conduis conduisons conduisez	introduire, produire, traduire ; construire, détruire
je suffirais tu suffirais il suffirait n. suffirions v. suffiriez ils suffiraient	je suffise tu suffises il suffise n. suffisions v. suffisiez ils suffisent	je suffisse tu suffisses il suffît n. suffissions v. suffissiez ils suffissent	suffis suffisons suffisez	
je lirais tu lirais il lirait n. lirions v. liriez ils liraient	je lise tu lises il lise n. lisions v. lisiez ils lisent	je lusse tu lusses il lût n. lussions v. lussiez ils lussent	lis lisons lisez	élire, relire
je plairais tu plairais il plairait n. plairions v. plairiez ils plairaient	je plaise tu plaises il plaise n. plaisions v. plaisiez ils plaisent	je plusse tu plusses il plût n. plussions v. plussiez ils plussent	plais plaisons plaisez	déplaire, taire （ただし taire の直・現・ 3 人称単数 il tait）
je dirais tu dirais il dirait n. dirions v. diriez ils diraient	je dise tu dises il dise n. disions v. disiez ils disent	je disse tu disses il dît n. dissions v. dissiez ils dissent	dis disons dites	redire
je ferais tu ferais il ferait n. ferions v. feriez ils feraient	je fasse tu fasses il fasse n. fassions v. fassiez ils fassent	je fisse tu fisses il fît n. fissions v. fissiez ils fissent	fais faisons faites	défaire, refaire, satisfaire

不 定 形 分 詞 形	直 説 法			
	現　　在	半　過　去	単 純 過 去	単 純 未 来
33. rire 笑う riant ri	je ris tu ris il rit n. rions v. riez ils rient	je riais tu riais il riait n. riions v. riiez ils riaient	je ris tu ris il rit n. rîmes v. rîtes ils rirent	je rirai tu riras il rira n. rirons v. rirez ils riront
34. croire 信じる croyant cru	je crois tu crois il croit n. croyons v. croyez ils croient	je croyais tu croyais il croyait n. croyions v. croyiez ils croyaient	je crus tu crus il crut n. crûmes v. crûtes ils crurent	je croirai tu croiras il croira n. croirons v. croirez ils croiront
35. craindre おそれる craignant craint	je crains tu crains il craint n. craignons v. craignez ils craignent	je craignais tu craignais il craignait n. craignions v. craigniez ils craignaient	je craignis tu craignis il craignit n. craignîmes v. craignîtes ils craignirent	je craindrai tu craindras il craindra n. craindrons v. craindrez ils craindront
36. prendre とる prenant pris	je prends tu prends il prend n. prenons v. prenez ils prennent	je prenais tu prenais il prenait n. prenions v. preniez ils prenaient	je pris tu pris il prit n. prîmes v. prîtes ils prirent	je prendrai tu prendras il prendra n. prendrons v. prendrez ils prendront
37. boire 飲む buvant bu	je bois tu bois il boit n. buvons v. buvez ils boivent	je buvais tu buvais il buvait n. buvions v. buviez ils buvaient	je bus tu bus il but n. bûmes v. bûtes ils burent	je boirai tu boiras il boira n. boirons v. boirez ils boiront
38. voir 見る voyant vu	je vois tu vois il voit n. voyons v. voyez ils voient	je voyais tu voyais il voyait n. voyions v. voyiez ils voyaient	je vis tu vis il vit n. vîmes v. vîtes ils virent	je verrai tu verras il verra n. verrons v. verrez ils verront
39. asseoir 座らせる asseyant assoyant assis	j' assieds tu assieds il assied n. asseyons v. asseyez ils asseyent j' assois tu assois il assoit n. assoyons v. assoyez ils assoient	j' asseyais tu asseyais il asseyait n. asseyions v. asseyiez ils asseyaient j' assoyais tu assoyais il assoyait n. assoyions v. assoyiez ils assoyaient	j' assis tu assis il assit n. assîmes v. assîtes ils assirent	j' assiérai tu assiéras il assiéra n. assiérons v. assiérez ils assiéront j' assoirai tu assoiras il assoira n. assoirons v. assoirez ils assoiront

条　件　法	接　　続　　法		命　令　法	同型活用の動詞 （注意）
現　　在	現　　在	半　過　去	現　　在	
je rirais tu rirais il rirait n. ririons v. ririez ils riraient	je rie tu ries il rie n. riions v. riiez ils rient	je risse tu risses il rît n. rissions v. rissiez ils rissent	ris rions riez	sourire
je croirais tu croirais il croirait n. croirions v. croiriez ils croiraient	je croie tu croies il croie n. croyions v. croyiez ils croient	je crusse tu crusses il crût n. crussions v. crussiez ils crussent	crois croyons croyez	
je craindrais tu craindrais il craindrait n. craindrions v. craindriez ils craindraient	je craigne tu craignes il craigne n. craignions v. craigniez ils craignent	je craignisse tu craignisses il craignît n. craignissions v. craignissiez ils craignissent	crains craignons craignez	plaindre ; atteindre, éteindre, peindre; joindre, rejoindre
je prendrais tu prendrais il prendrait n. prendrions v. prendriez ils prendraient	je prenne tu prennes il prenne n. prenions v. preniez ils prennent	je prisse tu prisses il prît n. prissions v. prissiez ils prissent	prends prenons prenez	apprendre, comprendre, surprendre
je boirais tu boirais il boirait n. boirions v. boiriez ils boiraient	je boive tu boives il boive n. buvions v. buviez ils boivent	je busse tu busses il bût n. bussions v. bussiez ils bussent	bois buvons buvez	
je verrais tu verrais il verrait n. verrions v. verriez ils verraient	je voie tu voies il voie n. voyions v. voyiez ils voient	je visse tu visses il vît n. vissions v. vissiez ils vissent	vois voyons voyez	revoir
j' assiérais tu assiérais il assiérait n. assiérions v. assiériez ils assiéraient	j' asseye tu asseyes il asseye n. asseyions v. asseyiez ils asseyent	j' assisse tu assisses il assît n. assissions v. assissiez ils assissent	assieds asseyons asseyez	（代名動詞 s'asseoir と して用いられることが 多い．下段は俗語調）
j' assoirais tu assoirais il assoirait n. assoirions v. assoiriez ils assoiraient	j' assoie tu assoies il assoie n. assoyions v. assoyiez ils assoient		assois assoyons assoyez	

不 定 形 分 詞 形	直　説　法			
	現　　在	半 過 去	単 純 過 去	単 純 未 来
40. recevoir 受取る recevant reçu	je reçois tu reçois il reçoit n. recevons v. recevez ils reçoivent	je recevais tu recevais il recevait n. recevions v. receviez ils recevaient	je reçus tu reçus il reçut n. reçûmes v. reçûtes ils reçurent	je recevrai tu recevras il recevra n. recevrons v. recevrez ils recevront
41. devoir ねばならぬ devant dû, due dus, dues	je dois tu dois il doit n. devons v. devez ils doivent	je devais tu devais il devait n. devions v. deviez ils devaient	je dus tu dus il dut n. dûmes v. dûtes ils durent	je devrai tu devras il devra n. devrons v. devrez ils devront
42. pouvoir できる pouvant pu	je peux (puis) tu peux il peut n. pouvons v. pouvez ils peuvent	je pouvais tu pouvais il pouvait n. pouvions v. pouviez ils pouvaient	je pus tu pus il put n. pûmes v. pûtes ils purent	je pourrai tu pourras il pourra n. pourrons v. pourrez ils pourront
43. vouloir のぞむ voulant voulu	je veux tu veux il veut n. voulons v. voulez ils veulent	je voulais tu voulais il voulait n. voulions v. vouliez ils voulaient	je voulus tu voulus il voulut n. voulûmes v. voulûtes ils voulurent	je voudrai tu voudras il voudra n. voudrons v. voudrez ils voudront
44. savoir 知っている sachant su	je sais tu sais il sait n. savons v. savez ils savent	je savais tu savais il savait n. savions v. saviez ils savaient	je sus tu sus il sut n. sûmes v. sûtes ils surent	je saurai tu sauras il saura n. saurons v. saurez ils sauront
45. valoir 価値がある valant valu	je vaux tu vaux il vaut n. valons v. valez ils valent	je valais tu valais il valait n. valions v. valiez ils valaient	je valus tu valus il valut n. valûmes v. valûtes ils valurent	je vaudrai tu vaudras il vaudra n. vaudrons v. vaudrez ils vaudront
46. falloir 必要である — fallu	il faut	il fallait	il fallut	il faudra
47. pleuvoir 雨が降る pleuvant plu	il pleut	il pleuvait	il plut	il pleuvra

条　件　法	接　　続　　法		命　令　法	同型活用の動詞 （注意）
現　　在	現　　在	半　過　去	現　　在	
je　recevrais tu　recevrais il　recevrait n.　recevrions v.　recevriez ils　recevraient	je　reçoive tu　reçoives il　reçoive n.　recevions v.　receviez ils　reçoivent	je　reçusse tu　reçusses il　reçût n.　reçussions v.　reçussiez ils　reçussent	reçois recevons recevez	apercevoir, concevoir
je　devrais tu　devrais il　devrait n.　devrions v.　devriez ils　devraient	je　doive tu　doives il　doive n.　devions v.　deviez ils　doivent	je　dusse tu　dusses il　dût n.　dussions v.　dussiez ils　dussent		（過去分詞は du＝de＋ le と区別するために男 性単数のみ dû と綴る）
je　pourrais tu　pourrais il　pourrait n.　pourrions v.　pourriez ils　pourraient	je　puisse tu　puisses il　puisse n.　puissions v.　puissiez ils　puissent	je　pusse tu　pusses il　pût n.　pussions v.　pussiez ils　pussent		
je　voudrais tu　voudrais il　voudrait n.　voudrions v.　voudriez ils　voudraient	je　veuille tu　veuilles il　veuille n.　voulions v.　vouliez ils　veuillent	je　voulusse tu　voulusses il　voulût n.　voulussions v.　voulussiez ils　voulussent	veuille veuillons veuillez	
je　saurais tu　saurais il　saurait n.　saurions v.　sauriez ils　sauraient	je　sache tu　saches il　sache n.　sachions v.　sachiez ils　sachent	je　susse tu　susses il　sût n.　sussions v.　sussiez ils　sussent	sache sachons sachez	
je　vaudrais tu　vaudrais il　vaudrait n.　vaudrions v.　vaudriez ils　vaudraient	je　vaille tu　vailles il　vaille n.　valions v.　valiez ils　vaillent	je　valusse tu　valusses il　valût n.　valussions v.　valussiez ils　valussent		
il　faudrait	il　faille	il　fallût		
il　pleuvrait	il　pleuve	il　plût		

写真提供クレジット:写真:Press Association/ アフロ (p.3)、AFP＝時事 (p.7)、写真:Everett Collection/ アフロ (p.11)、
写真：GRANGER.COM/ アフロ (p.15)、提供：アフロ (p.19)、Penta Springs Limited / Alamy Stock Photo (p.39)

本文イラスト：髙橋 実緒
本文レイアウト：明昌堂
表紙デザイン：明昌堂

フランス史のなかの「異人」たち

検印省略	© 2024 年 1 月 30 日　　初 版 発 行
著　者	松田　浩則
	ガラベ・クリストフ
発行者	小川　洋一郎
発行所	株式会社 朝 日 出 版 社

101-0065　東京都千代田区西神田 3-3-5

電話直通　(03) 3239-0271/72
振替講座　00140-2-46008
https://www.asahipress.com
錦明印刷株式会社
